Gestión de tareas con Kanban

Una introducción a la gestión visual del trabajo

Rafael Morales

Segunda edición – Abril 1995

Revisión de Abril de 2020

2

Indice

Prefacio a la segunda edición 7

Prefacio a la primera edición....................................... 11

Contenido 12

Citas.. 13

Software de ejemplo 14

Capítulo 1. Introducción a Kanban 15

¿Qué es Kanban?... 15

Un ejemplo sencillo... 16

Orígenes de Kanban 18

Directrices de Kanban 21

Aplicaciones de Kanban... 23

Ventajas e inconvenientes 25

En resumen.. 28

Capítulo 2. Conceptos de gestión de tareas............... 31

El problema de la gestión de tareas 32

No hay técnicas universales 33

Un ejemplo con mapas mentales............................ 35

Mantener las cosas a la vista 37

No hay dos cabezas iguales 39

No complicar el trabajo innecesariamente 41

Getting Things Done 43

La multitarea no existe 45

Independencia de los procesos 46

La Regla de los Dos Minutos 48

La Técnica Pomodoro 51

En resumen... 54

Capítulo 3. El tablero Kanban 57

El tablero 57

Las columnas 60

Las tarjetas 63

Clases de servicio 65

En resumen... 67

Capítulo 4. Las reglas del tablero.............................. 69

Visualizar el trabajo 69

Cómo montar un sistema con dos monitores 71

Limitación del trabajo concurrente 74

Reglas visibles para cada proceso 79

Un ejemplo de diseño de procesos 81

Aprender de la experiencia 84

En resumen... 86

Capítulo 5. Caso práctico 89

Definición de las columnas 89

Planificación de las tareas 91

Utilización del registro 93

Distribución del trabajo 95

Progresión de las tareas 97

Finalización del proyecto 100

En resumen… 102

Epílogo 103

Despedida 105

Apéndices 107

A. Glosario 109

Agile 109

Capability Maturity Model Integration 109

Kanban 110

Manifiesto Agile 111

Project Management Body of Knowledge 111

Scrum 112

Scrum Master 113

B. Bibliografía adicional 115

Getting Things Done, de David Allen 115

Getting Started with Kanban 115

Kanban: Successful Evolutionary Change for Your Technology Business 115

Practice Standard for WBS, 2nd Ed 116

Project Management Book of Knowledge, 6th Ed 116

The Pomodoro Technique, 3rd Ed 117

C. Aplicaciones recomendadas 119

Jira Agile 119

Kanban Tool 119

KanbanPad 120

LeanKit 121

Trello 121

Agradecimientos 123

Sobre el autor 125

Otras obras del autor 127

Fuera de colección 127

Títulos de próximo lanzamiento 127

En la colección Cuadernos de Consumo 127

Ficha bibliográfica 129

Prefacio a la segunda edición

Cuando a principios de 2014 se publicó este libro por primera vez, no tenía ni idea del recibimiento que iba a tener. Se trataba de una aventura que tenía más de personal que de empresarial; tras casi dos décadas impartiendo formación, al fin hacía caso a algunas personas que me habían sugerido que me animase a escribir aquello de lo que hablo en clases y conferencias.

Debo decir que la experiencia ha sido muy gratificante y que me ha devuelto a mis días de redactor en revistas como PC Actual o Vídeo Popular, en los que era habitual que un par de veces a la semana me llegase el correo de un lector pidiendo consejo sobre algo o señalando una errata en el último reportaje. En este año he recibido muchos mensajes de este tipo, que he tratado de responder lo más rápido posible.

Igualmente he recibido bastante críticas. La mayor parte han sido positivas y estoy satisfecho de ver que la valoración media del libro en Amazon ha superado el 4 sobre 5, lo que quiere decir que goza de la aprobación de los lectores. En algunos momentos, incluso, ha llegado a ser *best-seller* en Estados Unidos. Es curioso que muchas críticas negativas se hayan centrado en lo que otras consideraban positivo: el estilo divulgativo del texto, con poca profundidad técnica, a pesar de lo cual incluso las críticas "negativas" lo han valorado como una obra útil e interesante.

Este libro pertenece a una serie de libros que denomino "cuadernos técnicos". Son obras de poca longitud, entre 80 y 130 páginas, que se pueden leer en un par de días y que resuelven problemas concretos de forma inmediata

La intención de estas obras es proporcionarte un punto de partida para conocer métodos y herramientas relacionados con la dirección de proyectos, la gestión de calidad o el desarrollo de software. No era mi intención agotar el tema ni profundizar en la aplicación de Kanban, sino responder a cualquier lector como lo hago con mis alumnos, que a menudo se acercan al final de una clase y me preguntan sobre éste o aquel tema, pidiéndome orientación. La palabra clave es "orientación".

Si al terminar la lectura te ha gustado el libro, si has probado lo que aquí te cuento durante unas semanas y quieres seguir avanzando, hay títulos muy buenos para seguir avanzando, como los que he incluido al final en un apéndice de lecturas recomendadas. Debo destacar la obra de David J. Anderson que, como se explica más adelante, es el "refundador" del método Kanban como lo conocemos actualmente.

La segunda crítica más común es que he incluido algunos temas que no están directamente relacionados con Kanban. Es cierto que el primer tercio de este libro contiene técnicas y comentarios ajenos a esta metodología. El motivo es que la mayoría de libros sobre Kanban están orientados a programadores informáticos. El programador siempre tiene uno o varios ficheros de código fuente, escritos en Java u otro lenguaje, que compila para generar otros tantos ficheros de código objeto. Por tanto, sus tareas son siempre del mismo tipo: "programa una función para esto", "corrige un error allí", "añade un requisito a este módulo".

Hay que fijarse, sin embargo, que el título del libro no es "Kanban para empresas tecnológicas", como sí ocurre con el libro de Anderson, sino "Introducción a la gestión visual del trabajo". Es decir, esta obra está dirigida a cualquiera que quiera aplicar Kanban, ya sea el desarrollo de software, la gestión de un restaurante, un taller mecánico, sus tareas domésticas o su plan de estudios. Kanban empezó en el mundo de la automoción, como parte del Sistema de Producción de Toyota, desarrollado por Taiichi Ohno. De ahí pasó al mundo del software y ahora se está expandiendo a otros ámbitos. El problema es que en esos otros ámbitos no hay la claridad de resultados que hay en el software.

¿Que GTD no tiene nada que ver con Kanban (lo vemos en el capítulo 2)? Cierto, pero la intención es ayudarte a no saturar la cola de tareas con asuntos triviales. Si algo dura menos de 5 minutos, no merece la pena meterlo en un tablero Kanban. El tiempo necesario en dar de alta la tarea, pasarla de una columna a otra, cerrarla y anotar algunos detalles de su ejecución es quizás superior al necesario para completar la propia tarea. Por tanto, no gestiones tareas triviales. Eso es lo que dice GTD y creo que muchas personas agradecerán echar un vistazo a las propuestas de David Allen, autor del método.

Hasta aquí las cosas que me han criticado y creo que no debo cambiar. No obstante, ha habido otras cosas que sí he visto oportuno modificar.

Kanban, como método de organización de tareas, hace énfasis en no alterar demasiado el ecosistema en el que se introduce. Anderson lo dice muy bien en su libro: el objetivo principal al implantar este sistema debe ser la gestión del cambio con la mínima resistencia; optimizar los procesos existentes mediante la reducción del trabajo concurrente. Por eso, he creído adecuado añadir una nueva sección en el segundo capítulo en la que se recogen los principios metodológicos de Kanban, así como algunas recomendaciones adicionales sobre su implantación.

El resultado es esta segunda edición, con muy pocas modificaciones en cuanto al software utilizado en los ejemplos, ya que es algo absolutamente secundario, y las referencias bibliográficas, ya que los libros citados en la primera siguen conservando su validez.

Las aplicaciones informáticas, especialmente los servicios "en la nube" pueden aparecer y desaparecer a una velocidad de vértigo, por lo que estoy seguro que el software que he utilizado para los ejemplos, KanbanPad, tendrá una vida más corta que este libro. No importa; no he querido entrar a propósito en funciones de la aplicación, sino en principios generales de Kanban, para que puedas aplicarlos en cualquier otra aplicación de este tipo, e incluso en un tablero de corcho con tarjetas y chinchetas.

Quiero agradecer una vez más a todos los lectores que se han dirigido a mí su cordialidad, especialmente a los que he conocido en persona en alguna conferencia. Por favor, no dudes en seguir escribiendo en el formulario de contacto de mi sitio Web: rafael-morales.com.

Un saludo y espero que te guste el resultado.

Rafael Morales, Abril de 2015

Prefacio a la primera edición

La organización del trabajo es un problema de gran importancia. No afecta sólo a las empresas de gran tamaño o a los proyectos de cierta envergadura, sino que llega hasta los rincones más íntimos de nuestra vida. Si queremos hacer una tortilla de patatas, algo que parece intuitivo e inmediato, hace falta una cierta organización: preparar los ingredientes, freír las patatas, batir los huevos, hacer la masa y cuajar la tortilla. Como son pocos pasos, podemos llegar a dominarlos con práctica ya que, y aquí está uno de los conceptos importantes que veremos en el libro, están todos a la vista. El problema surge cuando los problemas no son triviales, cuando sus elementos no están a la vista o implican a equipos de trabajo numerosos.

De todas las soluciones que han aparecido en los últimos años, Kanban es una de las más prometedoras y eficaces. En realidad, no se llama Kanban, ya que éste es el nombre que tiene el marco metodológico completo. A lo que nosotros nos referimos es a ese pedazo de corcho sujeto a la pared, con algunas divisiones verticales y unas cuantas notas adhesivas de colores distribuidas por él. El método de gestión del cambio diseñado por David Anderson es Kanban, con mayúscula. Cada uno de los tableros que lo aplican es un tablero kanban, con minúscula.

Otros prefieren usar la misma pared, una pizarra blanca, paneles de cristal o avanzadas aplicaciones informáticas. Lo importante no es el soporte, sino las divisiones verticales y esas notitas de papel. Incluso más importante aún, la forma en que se usan.

Un tablero kanban es una herramienta de gran simplicidad, que podemos aprender a usar en pocas horas y que puede ayudarnos a mejorar el rendimiento personal y colectivo, tanto en nuestra vida privada como en el trabajo de forma sustancial.

El problema es que hay pocas obras en castellano que enseñen a utilizarlo y lo que se comenta por los pasillos y bitácoras de Internet es más bien una colección de trucos improvisados, antes que un verdadero método de trabajo.

Para resolver ese problema, he querido escribir esta breve guía de introducción, que me pidió una persona cercana a la que tengo mucho aprecio. Vas a recibir, por tanto, las mismas explicaciones que daría a un alumno o a una amiga. Espero que te sean de ayuda.

Contenido

En esta guía no he querido agotar el tema que trata, sino ayudar a cualquier persona interesada a que comprenda los conceptos fundamentales de ciertas técnicas y herramientas de forma ágil, señalando los problemas que pueden surgir en su aplicación inicial y aquellos trucos que puedan ayudarte a mejorar progresivamente y pasar a un nivel superior. En ese momento, deberás decidir si te basta con lo visto o quieres empezar a convertirte en un experto.

No se trata de que pases de una vida completamente desorganizada a ser un ejemplo de eficiencia en la gestión del trabajo, sino que avances desde el método de organización, bueno o malo, que utilices ahora, a otro en el que empieces a aprovechar las ventajas de esta herramienta. Tu experiencia, el uso diario que hagas de lo que aprendas aquí y tus características personales definirán el siguiente paso, que puede seguir con cualquiera de los libros que menciono a lo largo del texto y en la bibliografía recomendada.

En el capítulo 1 veremos un ejemplo sencillo de cómo es un tablero Kanban, por si no lo conoces bien o tienes dudas sobre las diferencias que hay con otros sistemas de gestión de tareas. Te enseñaré sus orígenes, ventajas y limitaciones, así como la diferencia que hay entre un tablero kanban y la metodología del mismo nombre.

A continuación, en el capítulo 2, vamos a analizar las dificultades que implica la gestión de tareas y su organización mediante métodos basados en listas. Este apartado es importante porque te ayudará a comprender por qué fallan muchos de estos sistemas y cómo prevenir estos errores al usar kanban.

Los capítulos 3 y 4 son bastante breves y están destinados a conocer los componentes del tablero y las reglas más importantes de utilización. No se trata de un curso completo de Kanban, sino de algunas directrices establecer el marco de trabajo. Algunos lectores han criticado la simplicidad de este capítulo. De nuevo, el objetivo no es agotar el tema, sino que lo puedas comprender en pocas horas.

Por último, en el capítulo 5 aplicarás todo lo anterior a un ejemplo práctico, la organización de publicaciones en una bitácora o blog, de forma que puedas aplicar los conocimientos aprendidos en este libro de forma inmediata.

Citas

El método convencional de insertar citas en un texto es mediante un pequeño número, como éste 1, que hace referencia a una nota al pie o final de capítulo. En general mantengo ese enfoque, aunque hay puntos en los que hemos optado por otro, más ágil e inmediato, que consiste en insertar enlaces condensados en el texto.

Al final del libro hay un breve glosario para explicar algunos conceptos que pueden ser difíciles de entender incluso a través de esos enlaces.

Software de ejemplo

A lo largo del libro voy a utilizar una herramienta para nuestros ejemplos llamada KanbanPad, disponible en Internet de forma gratuita. No es la mejor para el trabajo real con un gran equipo, pero está bastante bien para empezar por varias razones:

* Es gratuita.

* Es fácil de utilizar.

* Recoge todos los principios de Kanban.

Cuando termines el libro puedes seguir usándola como herramienta cotidiana, o puedes buscar otra entre las que se recomiendan en los apéndices o encuentres por Internet. KanbanTool, por ejemplo, permite usar plantillas más elaboradas y trabajo en equipo, aunque personalmente te recomiendo que eches un vistazo a Trello.

En el libro no se explica cómo registrarse en ninguno de estos servicios, ya que se trata de procesos de alta bastante simples, al alcance de un usuario con conocimientos básicos de informática y acostumbrado a trabajar con Internet.

Empecemos.

Capítulo 1

Introducción a Kanban

Este capítulo está dedicado a presentar el tablero Kanban, su origen y finalidad, así como una breve orientación sobre las posibilidades y limitaciones que presenta.

Los puntos que vamos a tratar son:

* Conocer el origen del tablero kanban.

* Tomar contacto con Kanban.

* Aprender a identificar el tablero y sus características principales.

* Distinguir el tablero kanban de la metodología del mismo nombre.

* Tomar conciencia de sus ventajas e inconvenientes.

¿Qué es Kanban?

Kanban es una metodología de gestión de tareas enmarcada en una tendencia bastante reciente denominada "Agile" o "Agilismo". En esencia, lo que buscan las metodologías Agile, o ágiles, es reducir la cantidad de burocracia asociada a los proyectos y desarrollar métodos de trabajo que respondan con rapidez a los cambios que se producen. Es decir, en lugar de asumir que hay un futuro claro y planificado desde el principio, que es lo que ocurre en las metodologías clásicas, o "predictivas", Agile asume que las situaciones imprevistas son inevitables y que, en lugar de luchar contra ellas, hay que aceptar su existencia y adaptarse.

Este no es un libro sobre Agile, algo que trato con más detalle en otro libro sobre el panorama de la gestión de proyectos. Tampoco lo es de Kanban, que en sí misma es una metodología bastante elaborada, sino de uno de sus elementos, los "tableros kanban", que son una herramienta visual de organización de tareas bastante eficaz.

Aunque te pueda parecer extraño, no es raro que en el mundo de la tecnología aparezca un método complejo y sólo triunfe una de sus partes.

Si tienes una computadora de sobremesa o una impresora, sabrás que tienen un nombre sencillo que los identifican en la red interna, como "PCcasa" o "impresora". Estos nombres tienen su origen en un grupo de protocolos llamado NetBIOS, de IBM, que fue una de las primeras propuestas comerciales para conectar redes informáticas. Bueno, pues de todos los protocolos y mecanismos que tenía Net-BIOS, que eran bastantes, sólo ha perdurado UNO; el Protocolo de Nombres NetBIOS, que es el que permite poner esos nombres sencillos de siete caracteres a las máquinas que hay en una red.

De la misma forma, del amplio número de prácticas y herramientas de Kanban, parece ser que hay UNA que ha ganado una enorme popularidad en el mundo de la informática y, más concretamente, en los proyectos de desarrollo de software: el tablero kanban.

Un ejemplo sencillo

Un tablero kanban es una especie de diagrama, dividido en columnas, en el que se anotan las tareas pendientes en forma de pequeños rectángulos, como notas adhesivas. Más que un diagrama, la mejor forma de imaginar un tablero Kanban es como un panel de corcho, en el que puedes poner y quitar notas con chinchetas. Cada columna representa un posible estado de las tareas: definida, en estudio, pendiente, en ejecución, realizada, etc.

El número de columnas y su significado no es fijo ni universal. Puedes poner tantas como quieras, aunque lo normal es trabajar con un número que oscila entre 3 y 5, siendo el esquema más básico el que corresponde a los estados "pendiente", "en ejecución" y "terminada".

Si quieres publicar artículos en un blog, por ejemplo, las ideas que se te van ocurriendo podrían ir a la primera columna. Puedes anotar todas las que quieras como en una especie de "almacén de ideas". En algunas metodologías, como Scrum, esta columna tiene un nombre concreto llamado "registro de trabajo" o "*backlog*". A estas tareas las llamamos "pendiente", "en espera" o "registro".

Cuando llega el momento de decidir qué es lo siguiente que vas a publicar, repasas la lista de tareas pendientes, eliges una y la pasas a la siguiente columna, de forma que se convierte en una tarea "en ejecución". En el último paso, cuando terminas con ella y ya no es necesario que esté a la vista, la pasas a la última columna y se convierte en una tarea "terminada".

Siguiendo este esquema, en la imagen puedes ver que hay pendiente de publicar tu crítica sobre películas como IronMan 3 o clásicos como 39 Escalones, que en este momento estás escribiendo la de la última película de la serie Fast & Furious y que ya has publicado las de 300 o Fuga de Cerebros, entre otras.

En esencia, éste es el funcionamiento de un tablero Kanban: tareas organizadas en columnas que representan estados. Es muy fácil ver que las cosas avanzan de un lado a otro del tablero a medida que terminas con las tareas pendientes o necesitas añadir nuevos requisitos a tu trabajo.

Orígenes de Kanban

Kanban tiene sus orígenes en la metodología desarrollada por Taiichi Ohno en Toyota para optimizar la cadena de producción y alcanzar un alto grado de eficiencia y productividad. El problema, definido en los años 40 del siglo pasado, era conseguir que los suministros disponibles en la cadena de montaje no fueran tantos que la empresa invirtiera dinero en algo que no iba a utilizar, ni tan pocos que la cadena se paralizase por falta de recursos.

La inspiración vino de los supermercados, en los que el cliente entra, va al estante que le interesa y coge sólo unas pocas unidades de cada producto, en función de lo que va a necesitar hasta la siguiente vez que vuelve. Ni el cliente almacena más de lo que necesita de forma inmediata, ni el supermercado compra más de lo que sus clientes piden, de media, en periodos breves de unos pocos días o semanas. De esta forma, la inversión que hace cada uno de ellos está optimizada y no gastan dinero en almacenar mercancías inútiles.

Uno de los elementos de esta metodología era el uso de tarjetas y tableros; de hecho, Kanban toma su nombre de este elemento ya que, en japonés, kanban (看板) significa literalmente "tarjeta".

Imagina que vas a comprar sillas. En el supermercado cabe un número limitado de sillas, por lo que la empresa no pone muchas en exposición; quizás veinte o treinta. Cada vez que un cliente compra una silla es necesario reponerla, pero, ¿cómo hace la empresa para saber que hacen falta una, dos o cuatro sillas?

La solución que propone Kanban es que cada silla lleva una tarjeta pegada, de forma que, cuando el cliente pasa por caja, deja la tarjeta correspondiente en una bandeja, donde se van amontonando las de todos los productos adquiridos a lo largo del día. Al finalizar la jornada, el personal de la tienda recoge y ordena las tarjetas, sumando las que corresponden a cada producto y anotando su cantidad. El resultado es el número de unidades que hay que reponer, sin necesidad de inspeccionar cada sección de la tienda. Una idea simple que funciona bastante bien. De hecho, Toyota es famosa como una de las empresas más eficaces en organización de la producción.

El concepto original de tarjetas, tableros, tareas y listas ha evolucionado a lo largo del tiempo hasta ese tablero con divisiones verticales que te he comentado hace un momento. Lo bueno es que lo ha hecho de una forma muy flexible, de manera que, desde el entorno de producción industrial en el que se originó, pasó primero a la industria del software y ahora se aplica a cualquier ámbito en el que haya que organizar listas de tareas.

Una de las personas que supo ver estas posibilidades fue David J. Anderson, un director de proyectos que en 2003 entró en Microsoft para dirigir un equipo de resolución de incidencias. Anderson se enfrentó, en poco más de dos años, a la tarea de convertir uno de los equipos con peor reputación dentro de Microsoft en una referencia de efectividad mediante dos grandes principios:

* Reducir el trabajo en marcha en cada momento, fijando un límite de tareas concurrentes.

* Un sistema de asignación basado en la disponibilidad de recursos y no en la exigencia de resultados.

Ese sistema de asignación resultó ser una adaptación de Kanban, que con su organización en columnas permite adaptarse a cualquier secuencia de trabajo, con unas reglas visuales fácilmente comprensibles. El trabajo de Anderson se recoge en su libro "Kanban: Successful Evolutionary Change for Your Technology Business", que comento y recomiendo en los apéndices.

Ahora que sabes la diferencia que hay entre el tablero y la metodología, es importante no confundirlos en tu conversación con otras personas. Para el resto del libro, sólo con la intención de agilizar su lectura, utilizaré la palabra "kanban", con minúscula, para referirme al tablero, y "Kanban", con mayúscula, para referirme a la metodología.

Directrices de Kanban

Anderson enuncia cinco aspectos fundamentales en una implantación de Kanban. Si quieres obtener los mejores resultados para optimizar la forma en que trabajas, ya seas tú individualmente o en un equipo, debes perseguir estos objetivos:

1. **Limitar el trabajo en curso**; la multitarea no existe y debes intentar, en cada momento, concentrar el esfuerzo en una sola actividad.

2. **Visualizar el flujo de trabajo**; la transparencia y la información actualizada son críticos para generar un ambiente de confianza. Por eso el tablero debe ser visible en todo momento.

3. **Medir y optimizar el flujo**, analizando los procesos existentes. No hay que "reinventar la rueda", sino optimizar lo que ya sabes hacer bien.

4. **Hacer procesos con reglas explícitas**, que se puedan ejecutar mediante el avance de las tareas en el tablero. Las condiciones para que las tarjetas que representan esas tareas avancen de una columna a otra deben ser claras y conocidas para todo el mundo.

5. Gestionar el trabajo cuantitativamente, mediante métricas que te permitan saber cosas como cuánto tarda una tarea en completarse.

Para alcanzar estos objetivos, hay una serie de pasos que mejoran las posibilidades de éxito:

* **Concentrarse en la calidad**. Siempre que se introduce un cambio pueden surgir temores entre el personal a perder influencia o entre la directiva a perder rendimiento. Es necesario que haya logros inmediatos en la aplicación de las nuevas técnicas de trabajo, algo fácil de

conseguir con Kanban porque el primer objetivo, limitar el esfuerzo, te anima a concentrarte en lo que haces en cada momento. La premisa es que ya sabes cómo hacerlo, sólo tienes que concentrarte en hacerlo de la mejor forma posible, apartando de tu atención cualquier otra cosa. Una mayor calidad en los resultados genera un mayor orgullo por el trabajo realizado y una mejora del prestigio del personal, el grupo y la empresa de cara al exterior.

*** Reducir el trabajo en curso y hacer entregas regulares**. Ya te he mencionado el objetivo de reducir la "multitarea", lo que debe venir acompañado de un enfoque a ciclos de trabajo más cortos, en torno a dos o tres semanas, al término de las cuales se puedan hacer entregas regulares de resultados. Si éstos son correctos, se obtiene una satisfacción inmediata por el trabajo realizado, si son incorrectos, cuanto más corto sea el ciclo de trabajo más rápido podremos detectar errores y proponer soluciones. No importa si son 1, 2 o 6 semanas. La cifra exacta no importa, sino que sean ciclos cortos.

*** Equilibrar el flujo entre la demanda y la capacidad de producción**. El equipo de trabajo puede absorber un número limitado de encargos, por lo que es necesario equilibrar la cantidad de tareas aceptadas con las que se pueden entregar. Los sistemas que persiguen esto se denominan "*pull*" o de respuesta en función de la capacidad.

*** Priorizar**, tanto por parte del cliente como del equipo. Lógicamente, el cliente tiene la última palabra en la asignación de prioridad al trabajo, ya que su éxito puede que dependa de lo que está pidiendo. Es necesario que el sistema que se implante permita que opine e intervenga de forma regular para expresar sus necesidades, que pueden variar de una semana para otra. Pero el equipo también debe tener capacidad de opinión, para adecuar el trabajo que acepta a sus circunstancias.

*** Reducir la variabilidad y mejorar procesos**. Este paso es el más complicado e implica una gran madurez por parte del equipo, ya que implica haber alcanzado la capacidad de aprender de la experiencia, lo que en CMMI corresponde al máximo nivel de madurez organizativa.

Todos estos puntos se desarrollan con más detalle en el capítulo 4 y aquí se mencionan sólo para ir comprendiendo el enfoque de Kanban.

Aplicaciones de Kanban

Kanban no reinventa los métodos de trabajo ni propone formas distintas de ejecutar las tareas. Sólo propone una forma distinta de coordinar el trabajo y hacer visible su evolución. El número y contenido de las columnas es totalmente flexible y las tarjetas no son más que eso, tarjetas en las que puedes anotar cualquier cosa, por lo que las posibilidades de Kanban son enormes.

En el mundo industrial, por ejemplo, se puede aplicar a las tareas de un proceso de fabricación de productos complejos, o al desarrollo de prototipos. En el área de servicios profesionales puede designar expedientes en un despacho legal o liquidaciones de impuestos. En clubes de socios o deportivos puede representar las peticiones de afiliación pendientes de realizar o los pedidos de material que hay que reponer. Por último, en el ámbito personal puede representar cualquier lista de tareas o los pasos que tienes que dar para organizar unas vacaciones en la Costa del Sol española.

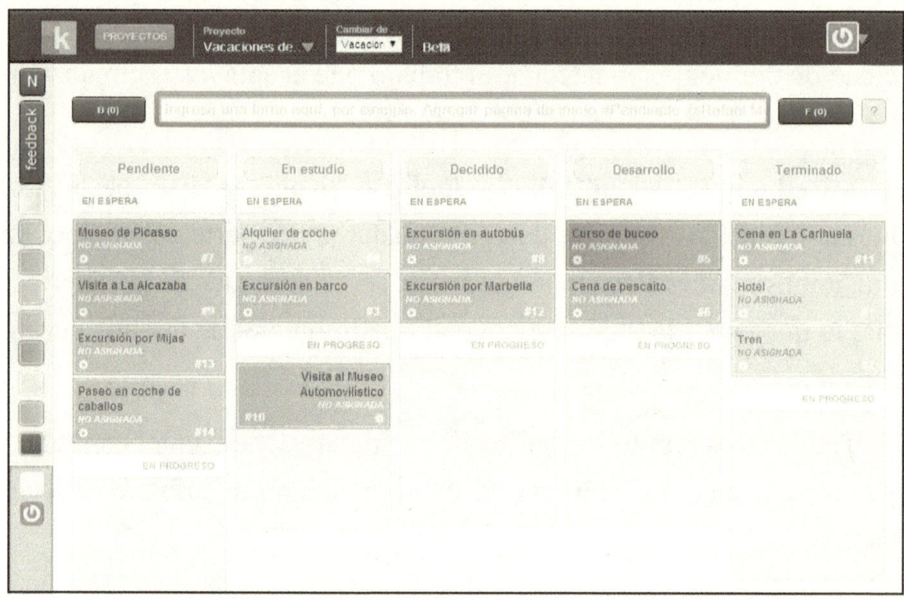

Como puedes ver en la ilustración, aquí he definido nuevas columnas que corresponden a los siguientes estados:

* Pendiente, son aquellas ideas que has anotado sin pensar si son viables o no.

* En estudio, son aquellas que estás valorando, buscando por Internet para ver su coste, horarios o requisitos.

* Decidido, que son las ideas que han pasado el filtro inicial, quieres realizar y están pendientes de encontrar el momento en que puedas llevarlas a cabo.

* Desarrollo, corresponde a las ideas que estás realizando en este momento.

* Terminado, son las ideas o acciones que tenías que hacer en el viaje, como reservar una plaza de hotel o cenar en La Carihuela de

Torremolinos, y que ya has realizado. Nada te impide, por cierto, cenar dos veces en La Carihuela si defines de nuevo esta tarea en la columna inicial ;-)

Las tareas de este proyecto se han coloreado con varios tonos, de forma que las excursiones están en verde, las actividades deportivas en rojo, las tareas de organización en amarillo y las visitas culturales en naranja. Kanban permite hacer este tipo de reglas visuales que ayudan a identificar el tipo de tareas que se está realizando en cada momento.

Hay un detalle en el software que he utilizado para los ejemplos, en el que las columnas se dividen en dos zonas. En la superior pone "en espera" y en la inferior "en progreso". Esto no forma parte de la norma general de Kanban y, de hecho, puede llevar a un poco de confusión, pero hay aplicaciones que lo usan y aquí he preferido hacer una referencia ya que a menudo surge esta pregunta en los cursos.

Una tarea "en progreso" es la que estás realizando en este mismo momento, con la que tienes las manos ocupadas, mientras que una tarea "en espera" es aquella con la que no puedes continuar porque esperas algo que viene de fuera y es necesario para seguir adelante. Por tanto, si tienes dos tareas en marcha y te concentras en una durante toda una jornada, la otra no está "en espera". Sigue "en progreso". Sólo estaría "en espera" si necesitases una pieza, un componente o un documento que no depende de ti.

Ventajas e inconvenientes

Las ventajas de Kanban son numerosas y van más allá de la facilidad con que se puede organizar visualmente una lista de tareas y el progreso que tiene cada una de ellas.

En primer lugar, Kanban es una excelente herramienta de colaboración. Una de las ideas más importantes de la metodología original es que el tablero debe ser un elemento visual, grande y visible para todos los miembros del proyecto, de forma que cada uno de ellos pueda saber de forma rápida y sencilla qué tareas están en marcha, cuáles están pendientes y qué porcentaje se ha terminado.

Kanban también permite saber con rapidez quién es el responsable de cada una de esas tareas o a que categoría pertenece, bien mediante anotaciones o códigos visuales como el color de las tarjetas o un avatar de usuario.

Todo lo anterior no quiere decir que Kanban esté limitado al ámbito de los proyectos en grupo. Puedes usar el tablero perfectamente en la organización de tu trabajo personal, ya que nada te impide poner un tablero de corcho en el cuarto de trabajo y colocar en columnas las tareas que tengas que ir realizando. Las reglas de Kanban se aplican de igual forma a listas gestionadas por varias personas que a listas individuales.

Pero no todo son ventajas. La misma flexibilidad que permite definir tantas columnas como quieras abre la puerta a crear secuencias de trabajo enormemente complejas, en las que los cambios más triviales se conviertan en un paso al que hay que prestar atención.

Otro fallo habitual es confundir "tareas" con "trabajos" y "estados". Son cosas totalmente distintas y no deben mezclarse en el mismo tablero. Esto es algo difícil de entender al principio y la práctica me dice, por el trabajo de consultoría en empresas, que se puede tardar mucho en cogerle el truco a la diferencia. Kanban no es una técnica de planificación, sino de distribución y seguimiento del trabajo, por lo que aquí no se le dedicará más tiempo a este asunto. Si tienes interés en la planificación y organización del trabajo, te recomiendo el manual de descomposición de tareas del Project Management Institute o el libro que yo mismo he dedicado al tema, en el que explico cómo utilizar técnicas como el diseño de mapas mentales para facilitar ese trabajo.

Los tableros Kanban sólo son útiles si se pueden ver con comodidad y, por desgracia, tienden a llenarse de decenas e incluso cientos de tarjetas a una gran velocidad, lo que los convierte en otra herramienta difícil de utilizar que termina fracasando en su utilización.

En resumen...

En este capítulo hemos tomado contacto con el tablero Kanban y la metodología en la que se enmarca. En esencia, Kanban es la respuesta a la necesidad de optimizar la productividad de un equipo de trabajo, aplicando un sistema de listas y prioridades a la gestión de recursos. Aunque no se trata exactamente de "tareas", el método ha evolucionado a lo largo de los años ganando flexibilidad.

Algunas cosas que has aprendido:

* Kanban es un método de organización industrial del trabajo.

* Aparece a mediados del S. XX y forma parte de la metodología interna de Toyota.

* Algunas personas, como David Anderson, adaptaron los principios de Kanban a la gestión del trabajo en equipo con un éxito notable.

* El principio básico de Kanban es el de utilizar tarjetas como indicadores de la evolución de un proceso, así como limitar en el trabajo en curso para centrar tus esfuerzos en un conjunto reducido de objetivos y no dispersar tus fuerzas.

* Kanban hace énfasis en la representación visual.

* El tablero kanban es la herramienta que aplica esos principios.

* Kanban está orientado al trabajo en equipo, aunque se puede aplicar de forma individual.

* Kanban se rige por un conjunto de reglas simples, que se pueden desvirtuar con facilidad.

En el siguiente capítulo quiero enseñarte, si no los conoces, algunos conceptos generales de gestión de tareas que permitan, posteriormente, sacar el máximo provecho al tablero Kanban.

Capítulo 2

Conceptos de gestión de tareas

En este capítulo quiero enseñarte diversos conceptos sobre gestión de listas de tareas en general, con independencia del tablero Kanban, para prevenir algunos de los problemas más habituales que se presentan en su aplicación. También te mostraré algunas técnicas complementarias, ya que Kanban sólo es una herramienta de organización y representación de tareas, no de ejecución o planificación.

Los puntos que vamos a tratar son:

* El problema de la gestión por tareas.

* La imposibilidad de resolver todos los escenarios con una sola herramienta.

* Necesidad de que los diagramas sean reducidos.

* Necesidad de evitar trucos mentales personales.

* Necesidad de excluir las tareas breves del sistema de gestión de tareas.

* Cómo aplicar el método Getting Things Done para priorizar el trabajo.

* Cómo usar la Regla de los Dos Minutos en la criba de tareas.

* Necesidad de concentrar el esfuerzo en un número reducido de tareas.

* Cómo usar la Técnica Pomodoro en la ejecución de tareas.

    * Necesidad de usar métodos independientes de software o herramientas concretas.

El problema de la gestión de tareas

Siempre tengo muchísimas cosas que hacer. No sé a ti, pero a mí la lista de cosas pendientes me desborda en cuanto me descuido. Encima de la mesa he llegado a tener pilas de papeles con tareas sin hacer; es decir, no es que tuviera una lista por ahí perdida, sino que el montón de papeles formaba una lista de listas. Hay papeles que se las han arreglado para estar dando vueltas por mi escritorio durante meses y años, migrando de un montón a otro, de una mesa a otra e incluso de un despacho a otro. Se parecen a los perros de las leyendas urbanas, que se pierden en un bosque y son capaces de encontrar el camino de regreso a casa.

A lo largo de todo este tiempo he probado infinidad de soluciones: listas de papel, listas en software, aplicaciones de escritorio, de tableta digital, notas con chinchetas, notas adhesivas... Vamos, de todo. Se da además la circunstancia de que soy consultor de gestión, por lo que normalmente tengo que ayudar a otras personas a organizar sus tareas, personas cuyo trabajo depende de que las cosas se hagan de verdad y en un tiempo razonable. Esto es algo que me ha ayudado a ver el mismo problema desde perspectivas muy distintas.

Porque lo curioso de todo esto es algo sorprendente: ¡no soy el único al que le pasa! No es que le pase a todo el mundo, ya que parece haber gente con una capacidad innata para organizarse... o para no complicarse la vida en absoluto, que es otra forma de verlo. Pero creo que podemos afirmar que, en general, nuestra sociedad genera individuos saturados de tareas.

Una de las razones puede ser que tenemos más inquietudes, trabajos más intelectuales y que participamos en grupos de trabajo más complejos que hace unas décadas. Porque claro, ya no hacemos casas de madera sobre la tierra, sino que construimos edificios de varias plantas, con instalaciones de electricidad, agua, gas y, últimamente, redes de datos. Y lo mismo se puede decir de otros ámbitos, incluido el personal. La gente ya no limita su actividad diaria a levantarse a las 5 de la mañana, desayunar fuerte, irse al campo y pasar todo el día labrando. Nuestras vidas han evolucionado en el último siglo a profesiones y actividades muy complejas, con diversas responsabilidades.

No hay técnicas universales

Para resolver este problema podemos encontrar una gran variedad de técnicas y trucos. Se han escrito ensayos, seminarios e incluso libros sobre la gestión de tareas. Llevamos décadas pegándonos con este asunto, posiblemente con más énfasis desde después de la Segunda Guerra Mundial, momento en que aparece la moderna sociedad de consumo y producción que conocemos. Pero si esto es así, si es algo que le pasa a tanta gente, si llevamos tanto tiempo reflexionando sobre ello, ¿cómo es que no hemos dado con la solución?

Antes de empezar a hablar de Kanban o de otras técnicas, es importante señalar algunos detalles, cosas que tienen que ver con la forma de pensar de cada uno y las limitaciones que, inevitablemente, va a tener cualquier método que tratemos de poner en práctica.

En primer lugar, ninguna técnica va a resolver todos los problemas. Habrá métodos que funcionen bien en cierto entorno de trabajo, pero no en otro. Piensa, por ejemplo, en las diferencias que hay entre el entorno de un programador y el de un mecánico de taller. Los dos tienen que realizar trabajos complejos, a veces con una secuencia de tareas dependientes unas de otras. A los dos les llegan encargos y peticiones de forma continua, con las evidentes diferencias de cada profesión. Pero no tiene nada que ver la oficina de uno con el taller del otro. Aunque es cierto que los principios de buena gestión son independientes del área de negocio, no podemos pretender que un programa de gestión de tareas, que exige el uso de un ratón o una pantalla táctil, sea la solución adecuada para un mecánico qué tiene las manos llenas de grasa.

De la misma forma, el entorno controlado y exquisitamente ordenado de muchos talleres mecánicos (no confundamos un poco de grasa y carbonilla con desorden) no tiene nada que ver con el despacho de una gestoría, plagado de expedientes y papeles que hay que tramitar a toda velocidad cuando llega la época de presentación de impuestos. Todos estos profesionales, incluido tú que estás leyendo estas líneas, tienen sus particularidades y es posible que lo que es bueno para uno no lo sea para otro.

Por evidente que parezca lo que acabo de decir, no he dejado de ver, en mi actividad como consultor, lo que podemos llamar el Ciclo de la Desilusión: una persona cualquiera que lleva adelante su trabajo con más o menos habilidad, que tiene un porcentaje de tareas que no se acaban nunca, o que anota pero que no realiza, con jornadas de trabajo que terminan sin que se haya hecho todo lo que estaba pendiente y una sensación de frustración y agobio que se mantiene a lo largo del tiempo.

Un día alguien comenta la última moda, la última "idea feliz" que se está difundiendo por los foros de gestión de proyectos, normalmente con algún nombre exótico escrito en algún idioma perdido del

África profunda. Nuestro protagonista la aplica de forma tentativa en uno o dos problemas, comprobando que parece funcionar, que tiene pinta de ser útil, por lo que en uno o dos días se lanza a recuperar todas las listas de tareas olvidadas que había por el escritorio, la cartera, el portátil y la tableta para meterlas en el nuevo sistema.

Pasan unos pocos días, este periodo depende del grado de negación de la realidad que tenga cada uno, y nuestro protagonista se da cuenta, en algún momento, que dedica más tiempo a reorganizar y adaptar la "idea feliz" a sus tareas que a resolver las tareas en sí mismas, que llega un punto en que la lista vuelve a quedarse aparcada dos o tres días para centrarse en hacer las cosas y no en organizarlas. En menos de un mes, a veces no llega ni a dos semanas, la solución maravillosa queda aparcada y nuestro sufrido héroe vuelve a la situación inicial, confiando en su memoria inmediata para organizar lo que tiene que hacer. Algo que, inevitablemente, le lleva a la frustración que tenía al empezar.

Un ejemplo con mapas mentales

Por ejemplo, el uso de mapas mentales es una técnica maravillosa... de organización y toma de requisitos, pero no de gestión de tareas. Por si no sabes lo que es un mapa mental, es una técnica de representación gráfica de ideas a partir de un punto central. Es posible que los hayas visto alguna vez, pero que no lo asocies con un método organizado.

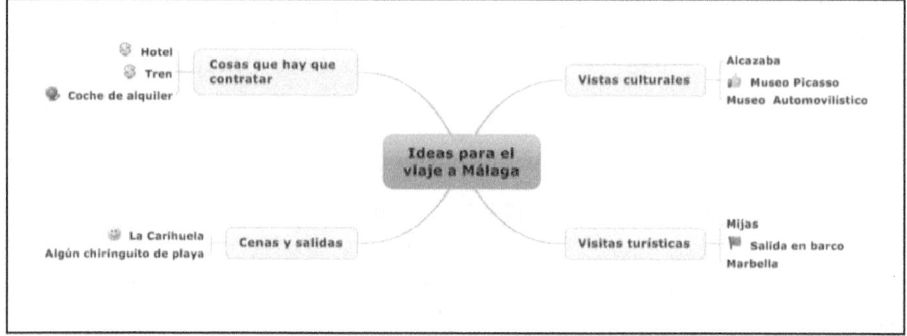

El origen de los mapas mentales, como forma de representación de ideas, se remonta varios siglos atrás en la cultura occidental. Parece que hay rastros de técnicas semejantes incluso en el siglo tercero de nuestra era, aunque su popularidad actual procede de dos sucesos muy recientes. En primer lugar, del desarrollo de las teorías de red semántica establecidas en los años 50 del S.XX, que proponen la relación entre conceptos como el método que utilizamos para organizar el cerebro. Es decir, no definimos las cosas por un axioma o una explicación concreta, sino por su relación con otras ideas. En segundo lugar, por la aparición de sistemas informáticos con interfaz gráfica, que han permitido diseñar aplicaciones que simplifican el uso de estos mapas.

Algunas empresas, como Mindjet, han introducido en su software de mapas mentales la opción de poner a cada nodo del gráfico una casilla de progreso, de forma que, si piensas en cada elemento del diagrama como en una tarea, podemos hacer una "lista de tareas" muy atractiva. Lo mejor de esta lista no es que sea posible marcar las tareas como hechas, pendientes, o realizadas en un porcentaje dado, sino que, gracias a la flexibilidad de los mapas mentales, es posible añadir, quitar y reorganizar tareas de la lista, agruparlas en jerarquías y adaptar su orden con una comodidad sin precedentes. Por eso hay muchas personas que, cuando toman contacto con los mapas mentales, los abrazan con entusiasmo y tratan de aplicarlos inmediatamente a la gestión de tareas diarias. El problema es que, tras dos o tres días de intentos, a veces incluso un par de semanas, los mapas terminan abandonados en un directorio del ordenador sin que se vuelvan a tocar. ¿Por qué una herramienta tan flexible y atractiva visualmente no resuelve el problema?

Como te decía un poco más arriba, una técnica puede ser buena para ciertos problemas, pero eso no quiere decir que sea buena para TODOS los problemas. Los mapas son geniales para ciertos escenarios, como reuniones de planificación, organización de proyectos, toma de requisitos y otros casos. Con el software adecuado y un poco de práctica, pueden servir incluso de sustituto de las típicas presentaciones de diapositivas. Pero no-sirven-para-gestionar-tareas. Veamos por qué.

Mantener las cosas a la vista

¿Te has preguntado alguna vez por qué cuesta tanto jugar bien al ajedrez, eso de mover las piezas en la cabeza y tratar de imaginar lo que hará el contrario en dos o tres movimientos más? Voy a contarte un hecho sorprendente por su sencillez y por las implicaciones que conlleva en la gestión de tareas y proyectos: tenemos una gran capacidad de abstracción y memorización; hemos evolucionado hasta convertirnos en seres excepcionales en habilidades cognitivas. Pero necesitamos tener las cosas a la vista. O, dicho de otra forma, trabajamos muchísimo mejor si mantenemos nuestra atención sobre cosas que vemos de forma inmediata.

Esto quiere decir, por ejemplo, que todo lo que escribamos en la pantalla y salga de nuestro campo de visión, al desplazarse el texto dejará de ser "inmediato" en nuestra cabeza y lo colocaremos en otra zona. Lo recordaremos, podremos razonar sobre ello... pero no lo relacionaremos bien con las cosas que sí vemos. Este es el motivo por el que los programadores, y es posible que haya muchos leyendo estas líneas, tienen que desplazar continuamente el código arriba y abajo para consultar el nombre de una variable, recordar una expresión lógica o la forma en que se invoca cierta función del lenguaje que utilizan. Una vez que el código sale del campo visual, pasa a una zona de existencia difusa, que no funciona con la misma eficacia que nuestra atención inmediata.

La misma causa hace que un procesador de textos sea ideal para escribir cartas y pequeños informes, pero que dé muchos problemas para escribir ensayos o novelas. Cualquiera que haya escrito una tesis doctoral o un trabajo largo sabrá lo útiles que resultan los índices y fichas de apoyo; claro, es necesario tener algo que nos permita recordar la "globalidad" del trabajo, al tiempo que nos concentramos en cualquiera de sus detalles.

Algunos profesionales, como los corredores de bolsa, utilizan configuraciones con varios monitores para tener un gran número de datos a la vista. Si sólo podemos leer uno de ellos a la vez, ¿por qué invertir dinero en sistemas con cuatro y seis pantallas que muestran cientos de ellos simultáneamente? La razón es que situamos la posición de los datos que nos interesan y, aunque no los miremos directamente, los tenemos localizados en el campo visual. Si tenemos que consultarlos, sabemos inmediatamente dónde están. No es lo mismo que tener dos o tres ventanas del navegador Web abiertas; porque, aunque podemos alternarlas en el monitor, sólo podemos mirar a una de ellas en cada momento.

Todo esto se traduce en un axioma que deberías grabar con fuego en tus directrices de trabajo: ningún diagrama, lista, modelo, esquema o dibujo son de gran utilidad si no se pueden consultar de un vistazo. Si el tipo de letra es muy pequeño y hay que acercarse mucho, no sirven: perdemos de vista el resto del modelo. Si consta de varias páginas, no sirve: perdemos de vista el resto del modelo. Por decirlo de una forma práctica, todo lo que exceda una página de papel o el contenido de una pantalla será inútil, o casi.

Por tanto, un sistema de gestión de tareas en el que no puedas mantener una visión de conjunto del trabajo que debes realizar perderá un poco de eficacia. No se trata de que puedas verlas todas a la vez, sino que puedas "localizarlas" a la vez. Es distinto. Verlas es que puedes leer lo que pone en todas y cada una de ellas. Localizarlas es que, mediante cualquier técnica, sepas dónde buscar lo que te interesa de forma más o menos inmediata.

No hay dos cabezas iguales

Otro aspecto importante de la psicología humana es que no hay dos personas que razonen de la misma forma. Todos compartimos un gran número de hábitos culturales, motivaciones profundas y convicciones ideológicas, pero eso no hace que seamos idénticos en nuestro comportamiento o que pensemos de la misma manera.

Hay personas en las que domina el pensamiento visual. En otras hay un diálogo interno superior a la media. Otras son capaces de imaginarse complejos mecanismos espaciales y rotarlos en su mente sin problema. Por este motivo, lo que para unos funciona, puede que para otros no tenga utilidad. Si la técnica que pretendes aplicar se basa en una habilidad mental concreta que no tienes o que no has desarrollado, es posible que no puedas usarla.

Pero es que hay un elemento más importante en todo este asunto. Si vuelves a un concepto que te mencionado más arriba, la red semántica, recordarás que no formamos ideas por su definición literal, sino por la asociación con otras ideas. Esto quiere decir que cualquier truco mental asociativo depende de la experiencia del sujeto, algo que, por su propia definición, es irrepetible, ya que no hay dos personas que tengan exactamente las mismas experiencias a lo largo de su vida.

Un ejemplo clásico de que no se pueden crear asociaciones semánticas universales es el catálogo de constelaciones. Los puntos que vemos en el cielo nocturno no son estrellas en su mayoría, ya que casi todo lo que vemos ahí son galaxias distantes, formadas a su vez por millones de estrellas. Pero a esta distancia nos parecen puntos brillantes y las metemos todas en el mismo saco de "puntos brillantes que deben ser estrellas". Al mismo tiempo, que un punto aparezca al lado de otro no quiere decir que estén cerca, ya que pueden estar situados a distancias muy dispares, quizás separados por millones de años luz de diferencia. Sin embargo, desde nuestra posición, esos puntos se proyectan sobre lo que parece ser la esfera del cielo y, por nuestra tendencia a buscar y formar patrones visuales, intentamos agruparlos en figuras geométricas. Si miramos al norte, en pocos segundos reconoceremos una forma poligonal, con una especie de apéndice por la izquierda, que corresponde a una parte de la constelación de la Osa Mayor.

No hay ninguna osa en el cielo y, francamente, siempre se me ha hecho difícil ver más allá de esos 7 u 8 puntos que saltan a la vista, porque si observamos una ilustración de la constelación completa, veremos que es grande de narices y que se extiende mucho más allá de los límites de los siete puntos brillantes. Pero a alguien en el pasado se le ocurrió que era evidente que ahí se había dibujado la forma de una osa (que ya hay que tener agudeza visual para diferenciar que era una osa y no un oso y, sobre todo, con una larga cola que los osos no tienen). Mucho más interesante, como menciona Carl Sagan en su obra Cosmos, es que el mismo grupo de puntos brillantes era identificado como un carro de cocodrilos por los egipcios, un arado por los celtas, un perro por los griegos o un mago por los magiares. Para mí, siempre ha sido un cazo de leche para el desayuno y seguro que tú has hecho alguna vez tu propia representación mental de esos grupos de puntos en el cielo.

Todas esas asociaciones están basadas en lo que, para cada civilización o persona, es importante y forma parte de su experiencia cotidiana. Es inútil buscar un sistema de catalogación o representación de constelaciones universal, a no ser que establezcamos un convenio arbitrario y forzoso para todos, como el que tenemos ahora, por el que a ese grupito de puntos brillantes lo llamemos "Ursa Minor".

Por tanto, para que un sistema de gestión de tareas funcione, tiene que evitar hacer uso de habilidades concretas, de trucos personales o de asociaciones que dependan de la experiencia del usuario. De ser así, sólo funcionará con la persona que tiene esas habilidades o hace esas asociaciones.

No complicar el trabajo innecesariamente

Por último, hay una característica muy irritante que he encontrado en bastantes programas de gestión de tareas, que es la necesidad de introducir un gran número de datos para crear cada tarea individual. No puedo encontrar algo más improductivo que tener la cabeza llena de cosas pendientes de anotar y sufrir el contratiempo de que, para anotarlas en una lista, haya que introducir: el nombre, una breve descripción, la fecha de inicio, la fecha límite de realización, la duración estimada, el ámbito de trabajo, la relación secuencial con otras tareas, el color con el que debe destacar, la cuenta de facturación, el signo astrológico del jefe de equipo, el partido de fútbol que ponen esa semana y cualquier otra nimiedad que se le haya ocurrido a la persona que diseñó el formulario de tareas.

Soy perfectamente consciente de que todos esos datos corresponden a necesidades que tenía la persona que hizo el diseño del software original. Si alguien tiene que coordinar un despacho profesional con varios empleados, para él es muy importante que cada tarea realizada se vincule a una cuenta comercial, para imputar esas horas de trabajo a un proyecto y cobrarlas. Pero, mire usted, es que en mi vida cotidiana no tengo clientes ni cuentas de facturación, de forma que "ese maravilloso programa de gestión de tareas que está haciendo furor en algunas empresas" puede ser completamente inútil en mi vida personal o en otro tipo de tareas, si cada vez que quiero anotar que tengo que ir a la compra, debo imputar esa tarea a una cuenta de facturación inexistente.

Los mejores programas que he encontrado para gestionar listas de tareas son aquellos que te facilitan al máximo su anotación.

Lo segundo que he comprobado una y otra vez es que cualquier categorización compleja está condenada al fracaso. Esas jerarquías de "casa", "despacho", "importante", "para mañana", "pendiente", "hoy sin falta", "cliente Tal", "cliente Pascual" y sucesivas, no hacen otra cosa más que complicar la vida. Cuando más sencilla es una jerarquía, más problemas resuelve.

El problema no es que una jerarquía en si misma sea mala, o la definición de ámbitos de trabajo, como sugiere David Allen, de quien aprenderemos un poco más en seguida. El problema de las dos circunstancias que te acabo de mencionar (el exceso de detalles y la creación de jerarquías complejas) es que añaden un trabajo excesivo a la propia realización de las tareas pendientes. Es decir, crean un problema que antes no existía.

Es inevitable que cualquier sistema de organización añada una cierta cantidad de esfuerzo, pero, para que tenga éxito, éste debe ser insignificante en relación con el problema que resuelve. Es decir, si tardas 2 horas en resolver una tarea, el sistema no debería añadir más de uno o dos minutos a su gestión.

Getting Things Done

David Allen es un consultor e instructor de productividad que se ha hecho famoso por su sistema de gestión de tareas, denominado GTD o "Getting Things Done", que podríamos traducir por "Haz Que Funcione". No vamos a tratar aquí en profundidad el método de Allen, ya que el propio autor tiene un libro del mismo nombre, que recomiendo a todo el mundo y que he incluido en la bibliografía final.

El método de Allen se basa en dos o tres conceptos bastantes simples, pero no evidentes. El primero de ellos es que nuestra cabeza tiene un límite de capacidad y debemos sacar de ella todo lo que no requiera nuestra atención inmediata. No es fácil establecer un número fijo, porque puede haber una gran variabilidad entre individuos en función de sus hábitos y entrenamiento mental, pero parece que hay un consenso generalizado en que no podemos mantener más de 6 o 7 ideas al mismo tiempo en la mente. Las cosas nos suelen dar vueltas porque nos preocupa olvidarnos de ellas, por lo que es necesario que encontremos un sitio en donde guardarlas, con la tranquilidad de que las encontraremos más adelante. Esta idea es muy buena y es la base de las listas de tareas.

Hay mucha gente que tiene la costumbre de escribir una lista de lo que tiene que hacer al día siguiente. Algunos lo hacen antes de acostarse, mientras que otros se organizan a primera hora del día. Todos esos hábitos se basan en ese concepto intuitivo que Allen recogió tan bien: sacar las ideas de la cabeza y anotarlas en un sitio en el que puedas encontrarlas más tarde.

Otro de los principios de GTD es que sólo debes gestionar aquello que es complejo. Las cosas triviales, que se definen como aquello que puedes hacer en poco más de dos minutos, debes quitártelas de en medio en seguida. Este punto lo comento un poco más adelante.

El método de Allen ha tenido mucho éxito y ha inspirado numerosas aplicaciones para computadoras de escritorio, teléfonos móviles y, más recientemente, tabletas electrónicas. Algunos ejemplos son Nozbe con acceso Web y cuenta gratuita hasta cinco proyectos, o IQTell, para dispositivos iOS y Android.

Para que las listas de tareas sean útiles, tienen que estar en un sitio al que sea fácil acceder para anotar cosas pendientes y recuperarlas más tarde. Si acceder a la aplicación de tareas supone dedicar de tres a cinco minutos en encender una máquina de sobremesa, recargada de módulos y aplicaciones, o llevar a todas partes un dispositivo que no tenemos práctica de sacar de la oficina, es evidente que el método fallará a los pocos días, ante la frustración de no poder anotar lo que nos preocupa en cada momento y de forma instantánea. En ese sentido, yo soy un ardiente defensor de las soluciones de baja tecnología o "*low-tech*"; es mucho mejor utilizar una sencilla libreta de papel para anotar las cosas, si eso te resuelve el problema, que empeñarse en llenar el teléfono móvil de apps.

La multitarea no existe

Hay gente que protesta al aplicar estas ideas diciendo que son capaces de tener varias cosas en la cabeza, que no necesitan listas, etc. Yo mismo recuerdo, hace años, afirmar que sí podía hacerlo.

Varios años, consultorías, cursos, lecturas interesantes y algunos encontronazos con la realidad después, tengo que reconocer que la multitarea cognitiva de alto nivel no es posible. Podemos hacer un par de cosas al mismo tiempo si son muy mecánicas o no implican la conciencia superior, como respirar y andar mientras hablamos o masticar mientras escuchamos. Con mucho esfuerzo y práctica, podemos llegar a abrocharnos la camisa mientras nos ponemos los zapatos, pero poco más. Queda fuera del alcance de esta obra exponer la neuropsicología que hay detrás de todo este debate, que la hay. Por cierto, que si te interesan todas estas cosas te recomiendo la lectura de una publicación divulgativa muy interesante: Mente y Cerebro, de los mismos editores que Investigación y Ciencia, en la que regularmente se publican artículos de divulgación sobre aspectos del funcionamiento de la mente humana y algunas enfermedades asociadas.

Volviendo a lo nuestro, digamos que la multitarea sea posible, por no discutir. Que podamos prestar atención a seis o siete cosas al mismo tiempo no implica que debamos apurar esa facultad. Podemos aceptar como axioma, tanto los que la creen posible como los que no, que cuanto más concentremos nuestra atención en una sola cosa, mejor la resolveremos. Eso no quiere decir que no se puedan hacer cambios rápidos de contexto, como por ejemplo responder a una duda y luego a otra. Pero la tarea debe ser la misma; por ejemplo, resolver dudas de compañeros. Si mientras estamos escribiendo una carta, interrumpimos para responder una duda, seguimos con la carta, interrumpimos de nuevo para responder un correo electrónico, etcétera, nuestro rendimiento bajará sustancialmente. No sólo estamos cambiando de actividad, sino de contexto. La cabeza tiene que recordar a qué ámbito pertenece esa nueva tarea, cuáles son las circunstancias que la rodean. Eso lleva un tiempo, que se multiplica por tantas veces como cambies de contexto en el curso de una sesión de trabajo.

Para ganar efectividad, hay que organizar este esfuerzo en tareas similares, como podrían ser en este ejemplo responder correo, atender dudas y escribir la carta, cada una de ellas con un tiempo dedicado sin interrupciones. Así disminuimos el impacto de los cambios de contexto.

Independencia de los procesos

Una posible conclusión de todo lo anterior es que hay que encontrar un soporte que nos permita llevar la lista con nosotros de un lado a otro. Bien, es una solución. Pero yo añadiría una recomendación que suelo hacer en mis seminarios: cualquier proceso debe funcionar independientemente de las personas y las herramientas que se apliquen para utilizarlo. Si un proceso depende de que se use cierto software con una función exótica o de los trucos mentales de un individuo, el proceso no se puede reproducir y carece de utilidad. Es decir, le funciona a la persona que se lo inventa porque va bien con su entorno, sus trucos, su personalidad, su experiencia, su software y su configuración de trabajo, pero ninguno de esos elementos tiene que repetirse en tu caso. Esta es la razón por la que lo que le funciona bien a uno, no tiene por qué funcionarle a otros. Por tanto, mi recomendación es que te preguntes si el proceso que estás tratando de llevar adelante se podría realizar con lápiz y papel o, como digo a menudo, "con un palo dibujando en la tierra".

Si el proceso funciona con lápiz y papel, seguro que funcionará con la ayuda de una aplicación informática. El proceso será el mismo; la aplicación sólo hará que sea más cómodo o rápido de utilizar, pero no cambiará su esencia.

El método de Allen funciona dibujando con un palo en la tierra. Si tuviésemos una tabla de arcilla, como la que utilizaban los fenicios para llevar cuentas, y anotásemos en ella la lista de cosas que tenemos pendientes para volver a leerla más adelante, el método funcionaría siempre que siguiésemos la indicación de Allen: tiene que ser fácil acceder a la tablilla y al palo.

Un asistente personal, como los PDA o los modernos teléfonos inteligentes (smartphones) puede ser un buen sustituto de la tablilla: tiene más capacidad, mancha menos, el palo no se rompe y puede hacer más cosas. Además, tenemos el hábito de llevarlo a todas partes y se enciende con rapidez; por tanto, es fácil acceder a la lista, con independencia del programa que elijamos.

Lo que pasa es que hay otra posible conclusión y es que no tenemos porqué esforzarnos en que un sólo método sirva para todos los problemas de la vida. Lo que dice Allen es que la lista tiene que tener un acceso fácil, no que tenga que servir para todo. Un tablero de corcho en la pared de la oficina, con un montón de notas adhesivas o chinchetas es otro buen sustituto de la tablilla y reúne todas las cualidades de facilidad de acceso, inmediatez, etc. El tablero kanban es, en esencia, una lista de tareas a la que podemos acceder con facilidad.

No estoy diciendo que no se pueda usar Kanban, o cualquier sistema de listas, para resolver la gestión de tareas en uno o muchos ámbitos de nuestra vida. Sólo digo que no es necesario que un solo tablero resuelva TODOS los problemas. Podemos tener uno en la oficina y otro en el celular, dedicados respectivamente a nuestra vida profesional y personal, incluso con aplicaciones y cuentas diferentes, si es que hay características que se ajustan mejor a uno u otro entorno.

Si elegimos un tablero o una aplicación Kanban para gestionar las tareas de la oficina, lo importante es que todo el mundo implicado en el proyecto pueda acceder a él con comodidad. Si elegimos una aplicación de tableta para nuestras cosas, lo importante es que sepamos que la tableta está al alcance de la mano en cualquier momento.

La Regla de los Dos Minutos

Como te decía hace un momento, otra gran idea de Allen es la Regla de los Dos Minutos, que esencialmente dice que si se te ocurre algo que tienes que hacer y tardas menos de dos minutos en hacerlo, hazlo en ese mismo instante. Es una forma de cribar las tareas, de forma que sólo pasen a la lista de trabajo aquellas que no se puedan resolver de forma inmediata.

La idea es muy buena y he visto aplicarla con éxito a mucha gente, incluido yo mismo. Lo que pasa es que, a pesar de su sencillez, hay muchas formas de retorcerla y conseguir que termine siendo un problema más que una solución.

La forma más fácil de arruinar la Regla de los Dos Minutos es que los dos minutos se conviertan en cinco. O en diez. O en media hora. A mí me ha costado mucho controlar ese hábito de levantarme de la mesa, darme cuenta de que me faltaba alguna tontería y volver a sentarme diciendo en voz alta: "*un momento, que he recordado algo que hago en un minuto*". ¡Ja! Un minuto... Y veinte. En estas circunstancias suele aparecer alguien a la media hora diciendo: "*Pero bueno, ¿vienes a comer o qué? Que llevamos esperándote para bajar al restaurante hace un rato*". Nos pasa a todos y la solución es poco a poco adquirir disciplina y recordar que dos minutos son dos minutos. Si no tenemos la absoluta certeza de que resolvemos la tarea en dos minutos, hay que anotarla en la lista. Más o menos; no seas quisquilloso, que todos sabemos la diferencia que hay entre "dos minutos y pico" y "más de 10 minutos" o "casi un cuarto de hora".

Otra forma de arruinar esta regla es hacer que los dos minutos dominen nuestra jornada de trabajo, encadenando una tarea improvisada tras otra, comentando de cada una de ellas que: "si lo hago en seguida, es que son sólo un par de minutos". De nuevo, creo que no soy el único que al salir de un despacho se ha detenido en la puerta, ha regresado y ha empalmado escribir una nota, colocar un libro, mirar ese correo que se responde en un momento, etcétera. En total, puede que lo que sólo era volver a por las llaves se convierta en una hora adicional de flecos y detalles.

La Regla de los Dos Minutos no tiene nada que ver con dos minutos, ni con tres o cinco, sino con algo que ya he mencionado más arriba: el esfuerzo que añada un sistema de gestión al trabajo debe ser mucho menor que el propio trabajo. Las tareas breves, de dos a cinco minutos, no pueden introducirse en ningún sistema de gestión por la simple razón de que el mismo acto de anotarlas, clasificarlas, etiquetarlas, priorizarlas, ordenarlas y marcar su evolución ya lleva más de dos minutos. Cuesta más el remedio que la enfermedad.

Como referencia, la técnica de descomposición de tareas del Project Management Institute, una de las organizaciones más extendidas y prestigiosas en gestión de proyectos, establece que cualquier tarea inferior a 4 horas debe acumularse a otras y no debe ser objeto de ninguna gestión individualizada.

De nuevo, aquí tenemos una buena explicación a por qué tantos programas de gestión de tareas terminan por irritarnos tanto que los desinstalamos al poco tiempo de empezar a usarlos. Si la herramienta que estemos usando añade una gran cantidad de trabajo al mismo proceso de gestión de tareas, nos encontraremos con grandes lagunas de tiempo en la que no nos dedicamos a nada productivo, sino a mantener el sistema en sí mismo.

Por tanto, para que un sistema de gestión de tareas funcione, no sólo debe ser eficaz, sino que tenemos que reconocer sus limitaciones y aceptar que hay tareas que es mejor dejar fuera, tanto por arriba como por abajo. Es decir, las tareas demasiado complejas pueden necesitar un método más elaborado de análisis y descomposición y las más sencillas puede que nunca deban entrar en el sistema.

La Técnica Pomodoro

Esta propuesta, como las de David Allen, es sorprendente por su eficacia y simplicidad. Pero es que normalmente las cosas más útiles son las más sencillas, que es precisamente lo mismo que pasa con el tablero Kanban. Lo que propone su creador, Francisco Cerillo, es ejecutar las tareas en periodos de tiempo regulares con una extensión que no supere los 20 o 25 minutos de tiempo. De esta forma, los descansos periódicos y el carácter regular de los intervalos de trabajo hacen que vayamos entrando en una dinámica de concentración y que nos aislemos de las interrupciones.

El nombre de la técnica proviene de la forma que tienen algunos relojes de cocina, de esos que se ponen en la encimera mientras cocinamos para contar, hacia atrás, los 20 o 40 minutos que tarda una pizza en hornearse o unos garbanzos en cocerse. Los puedes encontrar de muchas formas y colores, pero el autor eligió un tomate y, como "pomodoro" es el nombre de los tomates en italiano, es el que se ha quedado.

Lo importante no es que el reloj tenga forma de tomate o que el periodo de tiempo sea 25 minutos. Personalmente, encuentro que 25 minutos apenas me dan tiempo a empezar a calentar motores, pero mi trabajo suele implicar muchas referencias y documentación y es posible que a otras personas les vaya bien con ese margen. Yo prefiero organizarme en ciclos de 40 a 50 minutos e incluso de dos horas. Pero ya sea que escojas 20, 25 o 40 minutos, siempre debe ser el mismo periodo de tiempo. No puede ser que unas veces hagas 15, otras 30 y otras 70. Si estimas que algo te va a llevar 70 minutos, divide el trabajo en bloques de 20 o 25 minutos o, en mi caso, dos de 40.

Al empezar cada uno de los periodos, reinicias el reloj y lo pones en esa marca predefinida. El autor de la técnica comparte conmigo esa inclinación por definir procesos de baja tecnología y recomienda que se usen relojes mecánicos de sobremesa, en vez de aplicaciones de software o relojes digitales. El motivo es que el gesto físico de dar marcha al reloj es una especie de auto-compromiso con que hemos iniciado un periodo de trabajo y que debemos concentrarnos en él.

En todo caso, puedes encontrar un montón de aplicaciones de escritorio, móvil e incluso navegadores que aplican esta técnica, como Pomodoro.me para Chrome, Focus Time para dispositivos iOS o TeamViz para Windows. Puedes hacer tu propia búsqueda en Internet, pero ten en cuenta que el creador de la técnica es un poco agresivo en lo que toca a sus derechos de imagen y que suelen atacar a todos los que incluyen la palabra "pomodoro" en sus aplicaciones, por lo que encontrarás pocas que se llamen "pomodoro-algo". TeamViz, por ejemplo, se llamaba Pomodoro Pro, pero tuvo que cambiar el nombre, al igual que hizo la gente de Focus Time.

De nuevo, no voy a entrar aquí a explicar todos los aspectos de la técnica. Para ello estoy terminando otro libro de productividad personal, y hay uno muy bueno del mismo autor que he incluido en la bibliografía final. Lo que importa aquí es que puedas sacar otra lección de la Técnica Pomodoro que no está relacionada con la longitud de los periodos de trabajo, sino con el compromiso a no admitir interrupciones durante los mismos.

Esos 20, 25 o 40 minutos deben ser de absoluta concentración en lo que estás haciendo. Nada de llamadas telefónicas, de mensajería instantánea, de miradas furtivas a tu cuenta en las redes sociales, de correos electrónicos o de paseos a la cocina a un por un vaso de agua.

Antes de iniciar la sesión de trabajo haz una estimación de las tareas que vas a realizar, normalmente de 4 a 6 por cada periodo de 4 a 5 horas, que debes anotar en una lista e ir realizando de forma secuencial. Al inicio de cada bloque de trabajo, de cada uno de esos periodos de 20 a 40 minutos, miras la siguiente tarea en la lista, te concentras en ella y, al terminar, anotas en un registro, con la forma que sea, el avance realizado o la finalización completa de la tarea.

Igual que otras técnicas de éxito, como Scrum, Pomodoro hace un énfasis considerable en la concentración y la ausencia de interrupciones. No es un problema de la técnica aplicada, sino del compromiso de quien la utiliza en observar esa regla. Porque, la verdad, estoy aburrido de hacer consultoría en las empresas y encontrarme con personas que no saben gestionar las interrupciones, que llevan el teléfono celular a todas partes, o la tableta electrónica, y se aíslan de la reunión de forma continua con mensajes de chat, miradas al correo electrónico o a Twitter. Y quien dice una reunión de trabajo, dice una comida entre amigos. Mientras estás reunido, estás reunido; mientras estás escribiendo un informe, escribes un informe; y si estás comiendo con los amigos, centra tu atención en ellos. Las interrupciones te despistan, distraen tu atención y reducen la productividad.

Claro, todo el que exhibe estos comportamientos protesta y me dice que son cosas importantes, que no puede dejarlo para después, etc. La respuesta es que esto es una excusa y lo siento si tú, querido lector, eres de las personas que entran en esta categoría. Párate un momento a pensar y deja de pelear conmigo: nadie te está atacando; sólo te digo que, si quieres alcanzar una mayor productividad, debes entender que las interrupciones continuas no te ayudan y tú mismo las fomentas si tienes a tu alcance todos esos elementos de distracción.

¿Que no quieres usar un reloj de cocina? No lo hagas. Pero establece de alguna forma periodos de trabajo continuos en los que centres tu atención en aquellas tareas que te has marcado. Si te llega un mensaje, desactiva la alarma del móvil. Si te llega un mensaje de correo electrónico, programa tu cliente de correo para que actualice el buzón cada hora y no cada quince minutos.

La Técnica Pomodoro es un complemento ideal para cualquier sistema de gestión de tareas con listas, incluido el tablero kanban, porque Kanban dice cómo organizar y visualizar las tareas, pero no cómo ejecutarlas, lo que sí entra en el ámbito de Pomodoro o GTD.

En resumen...

En este capítulo hemos aprendido muchas cosas, aunque casi ninguna de ellas está relacionada directamente con el tablero kanban. Pero esto no se debe a que haya querido dar un rodeo o rellenar, sino a que a menudo nos lanzamos a utilizar una herramienta o sistema sin conocer sus limitaciones, particularidades y contexto.

Una técnica tan visual como el tablero Kanban, cuyas reglas son además relativamente fáciles de aprender, puede tentarnos a aplicarlo de forma inmediata a varios problemas, sólo para terminar renunciando a usarlo al cabo de unos pocos días por desesperación o aburrimiento.

Es importante que sepas qué puedes y qué no puedes poner en ese tablero y qué características de duración y complejidad deben tener las tareas, pues de otra forma, será otra técnica prometedora, que abandonarás decepcionado a los pocos días o semanas de empezar a usarla.

Algunas cosas que has aprendido:

* No hay que pretender ni forzar que una misma técnica resuelva todos tus problemas de organización de tareas.

* Las técnicas basadas en herramientas concretas, trucos mentales o asociaciones particulares fallarán casi con toda seguridad cuando cambien esas circunstancias.

* Las herramientas son más eficaces si nos permiten tener una visión general del problema de un solo vistazo.

* La multitarea mental no existe y, si existiera, quitaría eficacia a nuestro trabajo.

* Aunque gozamos de una gran capacidad de abstracción, cada persona tiene un límite de atención al número de tareas que puede gestionar de forma simultánea, que normalmente se encuentra entre 6 y 7.

* Si excedemos ese límite, el resto de tareas que tengamos en mente constituirán una inquietud que impedirá que nos concentremos en el resto. Lo mejor es anotarlas en algún sitio al que podamos recurrir más tarde para recuperarlas. Esta es la esencia el método GTD de David Allen.

* Cuando algo se puede hacer en un tiempo muy reducido, menos de dos o tres minutos, hay que hacerlo en seguida. Las tareas breves no deben entrar nunca en un sistema de gestión. A esto se le llama Regla de los Dos Minutos.

* Una buena forma de ejecutar las tareas es dedicarles periodos de tiempo fijos, en los que las interrupciones están prohibidas. La Técnica Pomodoro puede ser una buena referencia.

En este capítulo hemos aprendido mucho sobre cómo prevenir fallos en un sistema de listas y cómo empezar a organizar nuestro tiempo. En el siguiente vamos a conocer el tablero Kanban.

Capítulo 3

El tablero Kanban

Este capítulo está dedicado a conocer los elementos del tablero Kanban, no sus reglas de utilización. De esta forma, podrás saber qué es lo importante a la hora de decidir si aplicamos Kanban con útiles de papelería, como corcho y tarjetas, o una aplicación informática.

Los puntos que vamos a tratar son:

* Características del tablero.

* Las divisiones verticales, para definir estados.

* Las tarjetas, como soporte de definición de tareas.

El tablero

Uno de los elementos más distintivos de Kanban, al tiempo que uno de los más simples, es el tablero. En su origen se trataba de un cartel en el que se pintaban algunas líneas para repartir las tarjetas de trabajo, aunque con el desarrollo de aplicaciones informáticas dedicadas, éste se ha convertido en una especie de lienzo sin límites, parecido a una hoja de cálculo, en el que podemos ir colocando las tareas.

La buena noticia es que el tablero sigue siendo un tablero y que da lo mismo el material y forma que tenga. Da igual que despejemos una pared del despacho y peguemos directamente notas adhesivas en ella, que coloquemos un corcho y pinchemos notas con chinchetas o que contratemos una avanzada herramienta de gestión de proyectos en la nube, como Atlassian JIRA.

Lo que sí me dice la experiencia es que cuando más exótica sea la solución, más complicada de usar será y más problemas te dará. Un tablero de corcho con chinchetas tarda dos minutos en colgarse y estar disponible para su uso. Si pintamos con rotulador negro las líneas, a lo mejor llegas a tardar cinco minutos. Una aplicación en línea como KanbanPad tarda en completar el registro de usuario entre cinco y diez minutos y para usarla hay que tener encendido algún sistema con navegador Web. Esto no es ninguna tontería; ten en cuenta que para ver una tarea en un panel de corcho sólo tienes que girar la cabeza, pero para hacer cualquier consulta en una aplicación debes tener continuamente encendida una máquina o esperar a que arranque. Un puesto de trabajo, con proyector multimedia y pantalla SXGA en una sala de reuniones, puede tardar de diez a quince minutos en estar operativo.

Hay otro elemento importante, que nunca me canso de repetir en las consultorías: cuando se establece un proceso se debe tener en cuenta la futura migración cuando el sistema cambie de versión, deje de fabricarse o, simplemente, se caiga. Trasladar las notas de un corcho a otro es trivial. Exportar una lista de tareas a texto e importarlas en otra aplicación puede ser complicado, pero se puede hacer. Sacar la lista de tareas de JIRA y meterla en KanbanTool es imposible. Lo sé porque me lo han pedido dos clientes y no se puede.

Mi sugerencia cuando se implanta cualquier sistema de gestión de proyectos o calidad es que, al principio, debes centremos en el método y no en las herramientas. Si elegimos un sistema como JIRA habrá que dedicar semanas a la configuración de proyectos y parámetros de acceso, que no tienen nada que ver con el uso de Kanban, mientras que con un corcho y chinchetas... bueno, no creo que haya muchos problemas en clavar una chincheta. He conocido empresas que han funcionado de maravilla con notas adhesivas y la pared de cristal que separaba los despachos.

Otra buena solución, como ves en la imagen, es usar pizarras blancas. Es fácil poner y quitar notas adhesivas en ellas, dibujar las líneas con cinta de electricista, así como pequeñas anotaciones con rotulador temporal, que puedes ir adaptando a la evolución del trabajo. Cumple todos los requisitos de un buen tablero: barato, sencillo, fácil de usar, accesible al equipo y sin complicaciones que te distraigan del verdadero objetivo, que es organizar las tareas.

Si usas una aplicación Web, procura que sea simple de usar y que permita exportar la lista de tareas a un fichero de texto sencillo, con extensión .txt o .csv, de forma que haya alguna posibilidad de importarla en futuras aplicaciones. Es difícil cumplir este requisito; de hecho, KanbanPad no lo cumple, pero es muy fácil de usar y no tiene funciones exóticas, por lo que en un momento dado es fácil migrar a otra aplicación, ya que no crea vicios ni dependencias en los usuarios.

Las columnas

Una vez que has elegido el soporte para el tablero, ya sea físico o virtual, llega el momento de entender las columnas.

Las separaciones verticales que hacemos en el tablero no corresponden a fases del proyecto, departamentos o acciones, sino a los sucesivos estados que puede atravesar la tarea. Como te decía en la introducción, el escenario más sencillo corresponde a tres estados: pendiente, en ejecución y terminado. Pueden cambiar las palabras, en función del libro de referencia que uses o el programa que utilices, pero la esencia es la misma: cosas pendientes, cosas en marcha y cosas terminadas.

Si volvemos al ejemplo del blog de cine, verás que las películas están organizadas en esas tres columnas:

* "Registro" es la lista de películas sobre las que tienes que escribir una crítica.

* "En ejecución" son las críticas que estás escribiendo.

* "Terminado" son las críticas que ya has publicado.

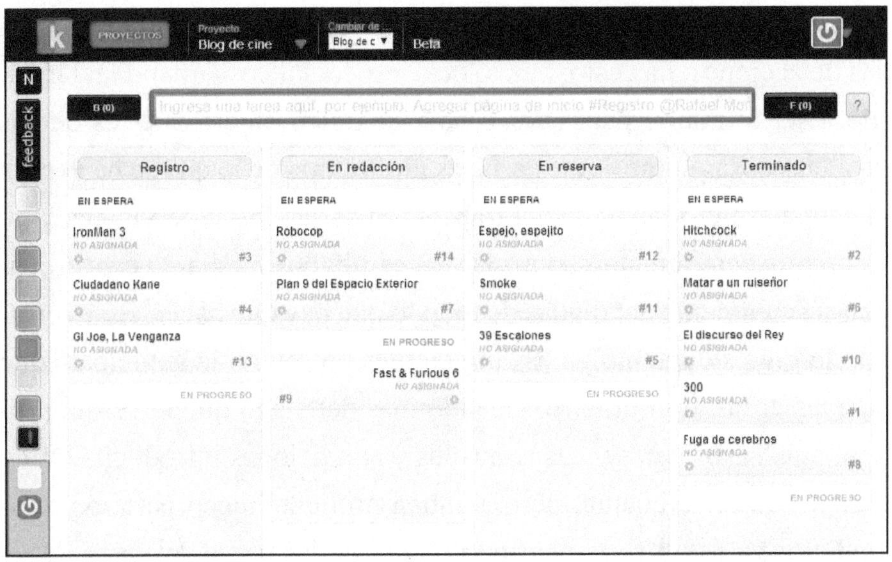

Puedes añadir estados intermedios con toda libertad. Por ejemplo, podrías querer hacer una diferencia entre las críticas que están escritas, pero no se han publicado. Esta es una práctica habitual de muchos *bloggers*, que escriben artículos con cierto adelanto sobre la fecha de publicación, para tener material preparado y que, llegado el momento, no se interrumpa el ritmo de actualizaciones. El resultado es el tablero que vemos en la ilustración anterior, a la que he añadido la columna "en reserva".

Anderson indica en su libro que, cuando implantamos Kanban, hay que cambiar las cosas lo menos posible, aprovechar los flujos de trabajo existentes y optimizarlos mediante la simple tarea de reducir el trabajo simultáneo en marcha; menos cosas, con más concentración en lo que se hace. Discrepo con Anderson por algunos pequeños detalles basados en mi experiencia. Me explico.

Una tendencia muy habitual es definir los procesos como secuencias de acciones: haz esto, haz lo otro, espera tal cosa, manda tal mensaje. Esta forma de pensar es propia de quien quiere que los demás hagan las cosas como él las haría; es un síntoma de lo que se ha venido en llamar "micro-gestión" del trabajo, en la que los supervisores y jefes de proyecto intentan controlar los resultados mediante especificaciones sumamente detalladas de todo lo que hay que hacer. Es un error y no lo digo solamente yo. Es imposible controlar a la gente para que haga las cosas al milímetro. Cuando más detallado quiera ser un proceso, más pasos dará y más controles y condiciones introducirá. Y no sé si te has dado cuenta, pero Kanban no tiene hueco para expresar condiciones; es un flujo continuo en el que las tareas avanzan de un punto a otro del proceso.

La manera correcta de definir procesos es especificar los resultados que esperamos de quienes los ejecutan. Si quieres que alguien rellene un formulario, no trates de decirle paso a paso lo que tiene que hacer; preséntale el formulario e indica los requisitos necesarios para considerar que está cumplimentado correctamente. La forma correcta de expresar las tareas es por el resultado que producen o los estados que éste atraviesa. Un tablero Kanban debe reflejar el proceso que hay que realizar, pero su implantación puede ser una buena oportunidad para repasarlo y simplificarlo, sustituyendo todas las acciones y condiciones que aparezcan por los resultados o estados intermedios.

No es otra cosa que aplicar el principio de mejora continua de Deming, en el que siempre te encuentras en un proceso de revisión de lo que haces: planificar, hacer verificar, actuar. Parte de un proceso que ya existe o que puedes esbozar a grandes rasgos, e inmediatamente empiezas a pulirlo, a mejorarlo y adaptarlo a cada incidencia que ocurre para que llegue a ser lo más eficaz posible.

De momento lo que nos interesa es que el tablero se divide en columnas, que cada columna refleja un estado, o un resultado, y que puedes poner tantas como quieras.

Un último detalle es que las columnas pueden tener el ancho que haga falta. No es necesario que sean todas iguales y, de hecho, puede ser conveniente que haya alguna un poco más ancha que las otras. Por ejemplo, la columna de registro puede ser dos o tres veces mayor, ya que pueden acumularse muchas ideas en el tiempo, antes de que tengas tiempo de pasarlas, una por una, al estado de redacción.

Las tarjetas

El tablero es el soporte en el que colocas las tareas, ordenadas por columnas. Las tarjetas representan cada una de esas tareas.

En principio, una tarjeta no es más que un pedazo de papel o cartulina. Las tarjetas más típicas son las notas adhesivas de colores o las fichas bibliográficas rayadas que usan en las bibliotecas. Ambas se encuentran con facilidad en cualquier tienda de suministros de oficina o papelería. Si estás utilizando una aplicación, como KanbanPad, lo más normal es que sean rectángulos más o menos parecidos a una de estas tarjetas físicas.

Por lo que respecta a Kanban, las tarjetas sólo tienen que tener un identificador simple, que es la tarea que representan. No hace falta más información y, para empezar, insisto en que cuando más sencillo sea el tablero, mejor funcionará. Sin embargo, llega un momento en que hace falta reflejar algo más de información, como por ejemplo, quién tiene asignada una tarea o qué tipo de tarea es.

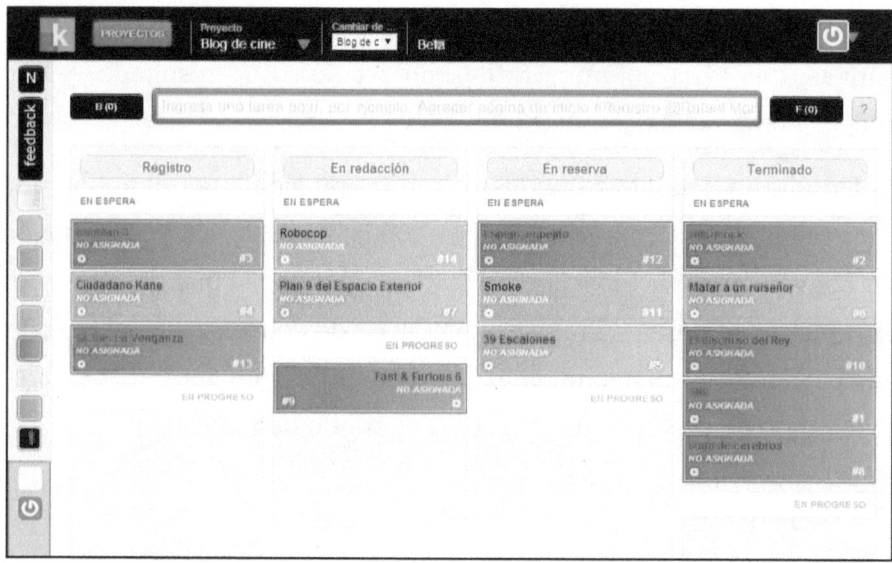

En nuestro ejemplo del blog de cine esto podría corresponder al caso de dos personas que colaboran para escribir el mismo blog y alguna clasificación por géneros o épocas de las películas. Por ejemplo, podrías dividir las películas en:

* Clásicas, desde el origen del cine hasta la caída del sistema de estudios, a mediados de los 60.

* Modernas, desde el punto anterior hasta la incorporación masiva de la producción digital, en los 90.

* Actuales, las que se han estrenado en los últimos 10 o 15 años.

Cada uno puede hacer la clasificación que más le plazca y no tiene por qué estar de acuerdo con este criterio.

Lo que importa es que ahora mismo no sabes si estás dedicando muchas actualizaciones a películas antiguas y estás dejando de lado los estrenos, algo que puede aburrir a algunos lectores de tu blog. ¿Cómo haces para saber, de un vistazo, que las estás repartiendo de forma equitativa?

Una solución es usar tarjetas de colores para cada una de estas categorías; en este caso:

* Las películas clásicas son azules.

* Las películas modernas son verdes.

* Las películas actuales son rojas.

Al aplicar esta regla de diseño de tarjetas, te queda un tablero como el que ves en la ilustración. Ahora es evidente que has publicado muchos artículos sobre cine actual, pero muy pocos sobre clásicos y modernos. También salta a la vista que sólo tienes dos títulos modernos en redacción o en espera, de forma que, si quieres equilibrar el contenido del blog, habrá que añadir más tareas al registro de ideas.

Clases de servicio

Otro ejemplo es el que hace Anderson, que propone usar un código de colores para designar la "clase de servicio" aplicada a cada tarea. Una clase de servicio es el compromiso adquirido con el cliente. Por ejemplo, en un taller mecánico podemos tener un servicio "regular", en el que no hay fecha concreta de entrega, aunque sí un máximo de días para reparar una avería, o un servicio "urgente", en el que se compromete la entrega del vehículo en menos de 24 horas. El concepto de clase de servicio no tiene que ver sólo con la urgencia de las tareas o el plazo de entrega, sino con el conjunto de condiciones pactadas para su realización, lo que también podría incluir el detalle de que se acepten reparaciones fuera del horario comercial habitual.

Algunas de las clases propuestas por Anderson son realmente interesantes:

* Acelerada, implica que el trabajo debe ejecutarse de inmediato, con prioridad sobre cualquier otra petición. Si es necesario, pueden sobrepasarse los límites de concurrencia establecidos. Las tarjetas son de color blanco y, para evitar abusos, sólo puede haber una tarea con esta clase al mismo tiempo en todo el sistema.

* Con entrega fija, son tareas que tienen una fecha concreta de finalización, que no tiene por qué coincidir con el ciclo de trabajo habitual, lo que puede suponer un reajuste de los ritmos de trabajo en el equipo. Las tarjetas son de color púrpura y, a diferencia de las anteriores, no suponen un cambio en los límites de trabajo concurrente.

Un dato que personalmente me parece de gran utilidad es la fecha de entrada en el tablero. Es decir, la fecha en la que la tarjeta se pone en la columna de registro o de tareas pendientes. En el ciclo normal de trabajo, este dato sirve para calcular la media de tiempo que requiere terminar una tarea cualquiera. De esta forma, al cabo de unos meses de implantación es posible hacer predicciones sobre cuánto tiempo, de media, nos va a llevar un encargo concreto. Esta métrica también puede servir para detectar mejoras en el rendimiento del equipo de trabajo o todo lo contrario. Otro uso interesante es detectar las tareas que se quedan "abandonadas" en la cola de entrada. Algunas aplicaciones de software incluso incluyen un algoritmo de "envejecimiento", de forma que las tarjetas que corresponden a tareas más antiguas amarillean, se cuartean e incluso les salen brotes de moho y gusanos, como si se estuvieran "pudriendo", lo cual es una forma simpática de advertir del error de planificación.

Como ves, las tarjetas son tan flexibles como las columnas. Puedes añadirles etiquetas y valores de distinto tipo, como el nombre de la persona que las tiene que realizar, o la fecha límite en que se tienen que entregar. Hay programas de software muy avanzados que permiten escribir incluso un diario del trabajo que vamos realizando. KanbanPad lo permite, igual que el módulo de tareas de OpenCRM y otros muchos programas. Esto puede ser de gran utilidad, por ejemplo, en el seguimiento de tareas de programación de software, de redacción de textos, de gestión de expedientes... Las posibilidades son muy amplias.

En resumen...

En este capítulo hemos conocido los elementos que componen un tablero Kanban: el propio tablero, las columnas y las tarjetas. El hecho de que sean sólo tres elementos y que se puedan realizar con materiales sencillos o con avanzadas aplicaciones informáticas ayuda mucho a implantar Kanban.

Algunas cosas que hemos aprendido:

* El tablero puede ser cualquier superficie o zona de trabajo que permita hacer divisiones verticales

* El tablero debe permitir colocar y desplazar libremente las tarjetas por su superficie.

* Las columnas verticales representan estados.

* Las tarjetas representan tareas.

* Las tarjetas pueden contener más información, aparte del nombre de la tarea.

Estos son los elementos de trabajo. En el siguiente capítulo vamos a ver cómo utilizarlos.

Capítulo 4

Las reglas del tablero

Si en el capítulo anterior vimos los elementos del tablero, en éste vamos a ver cómo se utiliza, ya que hay alguna regla más aparte de mover las tarjetas de un lado a otro.

Los puntos que vamos a tratar son:

* Mantener el contenido del tablero visible.

* Como optimizar el entorno de trabajo con dos monitores.

* Limitación del trabajo que se hace al mismo tiempo.

* Cómo gestionar el avance del trabajo.

* Aprender de la experiencia con métricas y notas.

Visualizar el trabajo

Un tablero kanban es, sobre todo, una herramienta de gestión de tareas VISUAL. Eso quiere decir que el tablero no es un mero soporte en el que colocar y distribuir las tarjetas, sino un elemento fundamental en la organización del trabajo, que tiene que estar a la vista en todo momento.

Tanto si trabajas en grupo como individualmente, el tablero es una referencia visual continua de una gran variedad de datos:

* Cuánto trabajo hay que gestionar, representado por el conjunto de todas las tarjetas.

* Cuánto trabajo está pendiente de asignar y empezar, representado por las tarjetas en la columna de registro (la primera).

* Cuánto trabajo está en ejecución, representado por las tarjetas que hay en las columnas de trabajo en ejecución.

* Cuánto trabajo se ha realizado, representado por las tarjetas en la última columna.

* Dada una tarea cualquiera, en qué estado se encuentra, representado por la situación de la tarjeta en el tablero.

Podría seguir enunciando diversas combinaciones, pero llega un punto en que el tablero deja de tener utilidad por lo que dice Kanban y empieza a tenerlo por la iniciativa de quienes lo usan. Es decir, aquí podemos proponer un montón de nombres de columna, estados y técnicas, pero debes ser tú el que adapte el tablero Kanban a tus circunstancias, a las características de tu trabajo y a tu entorno. Habrá gente que pueda permitirse un tablero enorme en la pared, otros tendrán que hacer hueco a una pequeña pizarra en algún rincón de la habitación y un tercer grupo usará una herramienta de colaboración informática.

Lo único que dice esta regla es que el tablero debe estar visible en todo el momento y de forma accesible para todo el mundo. No puede ser una ventana perdida en la cola de aplicaciones en segundo plano, ni una pizarra blanca que se cuelga y descuelga cada vez que hay una reunión o queda escondida tras una puerta. Si es la pantalla de una aplicación, debe estar siempre a la vista; si es un tablero físico, debe estar siempre colgado. La idea es que se convierta en una referencia visual continua, en un elemento más del entorno de trabajo que sepamos dónde encontrarlo con la mirada en todo momento para saber qué está pasando, cuál es la siguiente tarea, etc.

Todo esto no parece muy complicado con un tablero físico, ya que en un momento dado puedes encontrar un hueco para colocarlo. Pero, ¿qué pasa con los usuarios que tienen que trabajar con un monitor normal? Forzosamente tienen que alternar las pantallas en primer plano para tener a la vista la aplicación con la que están trabajando. La solución, una de las que recomiendo más insistentemente, es trabajar con dos monitores.

Cómo montar un sistema con dos monitores

Gracias a la reducción de costes que ha tenido toda la electrónica en los últimos años y los avances en tarjetas gráficas, este tipo de montajes no tienen un precio prohibitivo, y tienen numerosas ventajas. Para montar un sistema como el de la imagen, hace falta una tarjeta doble conexión HDMI, que se pueden encontrar por poco más de $50.

Me doy cuenta de que elegir un componente como la tarjeta gráfica del ordenador puede dar lugar a largos debates sobre prestaciones, procesadores, memorias y velocidad de proceso. No es mi intención entrar en tales debates y sólo quiero indicar que, para un ordenador de escritorio dedicado fundamentalmente a tareas de oficina, se pueden encontrar tarjetas sencillas, con doble salida y un rendimiento aceptable, a precio asequible. Partiendo del único requisito de tener doble salida HDMI o DisplayPort, puedes optar por buscar otras tarjetas más avanzadas que cumplan otros requisitos, como mayor capacidad en gráficos 3D o reproducción multimedia, si es que necesitas estas características.

En cuanto a los monitores, para mí el tamaño más adecuado se encuentra entre las 22" y las 26", ya que constituyen un equilibrio entre coste y tamaño. Los precios suelen ser bastante aceptables entre $150 y $200.

Tengo que decir que yo paso muchísimo tiempo escribiendo texto frente al monitor y que pongo mucho esfuerzo en conseguir un entorno lo más ergonómico posible; por eso, aunque tengo monitores grandes, suelo trabajar con un escritorio en baja resolución. No superior a los 720 píxeles de alto, lo que a veces me ha supuesto una discusión con amigos y conocidos. ¿Por qué "desperdiciar" los monitores con tamaños de escritorio tan pequeños? La respuesta es que, con un buen monitor, esa resolución hace que todos los elementos de texto aparezcan con un tamaño relativamente grande, lo que reduce la fatiga visual en largas jornadas de trabajo. Es una configuración que mantengo desde hace años, desde mis tiempos de programador, y siempre me ha permitido levantarme del asiento con poco o ningún cansancio en la vista.

Un lector me indicaba que los monitores tienen una resolución nativa que es la que mejor se ve. Si ponemos otra suelen aparecer bordes difusos en las líneas y textos de la interfaz. A esto tengo que responder que "depende". Aunque todos los monitores puedan parecer iguales, el software interno puede marcar una gran diferencia, por ejemplo, en el tema del cambio de resolución. Es importante hacer una prueba real antes de comprarlo para comprobar que es capaz de adaptarse bien al tamaño de escritorio que nos interesa. En este sentido, Philips me ha dado mejor resultado que LG, por ejemplo, y ahora mismo tengo dos aparatos de 24" que se ven perfectamente a 1240 x 720 píxeles.

La distribución que yo recomiendo es tener las aplicaciones de organización y gestión a la derecha y las de trabajo a la izquierda; si seguimos la tendencia de utilizar varias aplicaciones en nube (*cloud*), como Gmail o JIRA, podemos abrir una ventana de cualquier navegador con varias pestañas y colocarla en este monitor. Así el calendario, el explorador de ficheros y el tablero Kanban quedarán siempre a nuestra derecha. En el monitor de la izquierda abriremos las aplicaciones de trabajo, como el procesador de textos, la hoja de cálculo o el editor de presentaciones.

Lo importante es que con esta distribución puedes mantener el tablero Kanban a la vista casi todo el tiempo, situando en el monitor de la derecha en primer plano. Tanto si trabajas de forma individual como con una aplicación en grupo, todo el mundo puede mantener esta disposición de ventanas y trabajar de forma simultánea. Cada vez que tengas que consultar el tablero para añadir una tarea, consultar el estado de las cosas o efectuar un cambio, sólo tendrás que girar la cabeza un poco para encontrarlo con rapidez en una posición familiar, de forma que cumplirá su misión con eficacia.

¿Y si no puedes tener dos monitores? No es obligatorio. Aquí sólo te hago recomendaciones para alcanzar el mayor aprovechamiento de los tableros kanban. Si no puedes tener dos monitores, quizás sea mejor empezar con un tablero en la pared, hasta que cojas soltura y no sea tan importante tener que alternar entre ventanas con un solo monitor.

Limitación del trabajo concurrente

Hasta aquí, Kanban ha sido un método de ordenación y visualización de tareas, pero no ha mostrado ninguna cualidad que lo diferencie de otras técnicas. Vamos a empezar con las reglas de gestión, que son las que confieren a Kanban (con mayúscula, pues me refiero al método) su potencial.

La primera de ellas es que nunca puedes tener más de cinco o seis tareas en ejecución al mismo tiempo. Eso quiere decir que en las columnas de trabajo sólo puede haber de una a seis tarjetas al mismo tiempo. En el ejemplo de organización de un viaje turístico, verás que en la columna de desarrollo sólo hay dos tareas al mismo tiempo.

En realidad, Kanban no dice que tengan que ser seis; sólo dice que hay que limitar al máximo el trabajo concurrente en progreso (WIP o Work in Progress). El objetivo de esta regla es concentrar el esfuerzo en un conjunto reducido de tareas en cada momento, para finalizarlas lo antes posible, algo de lo que ya te hablé bastante en el segundo capítulo. ¿Entiendes ahora por qué?

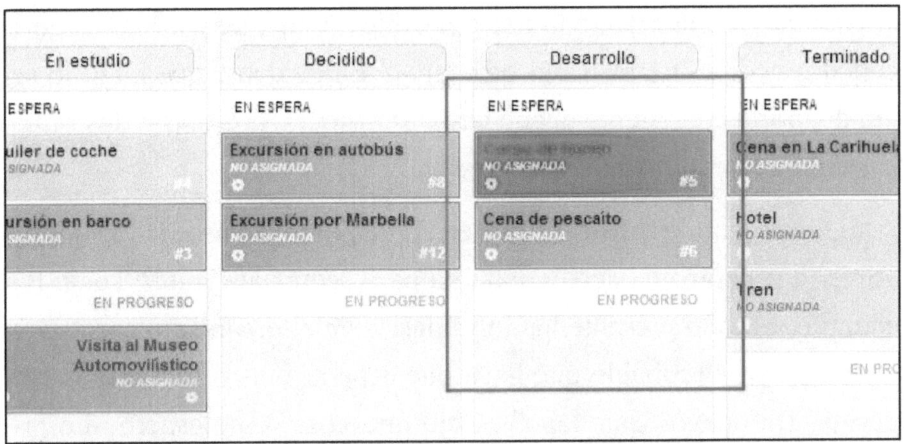

Anderson propone que el nivel de concurrencia máximo sea aproximadamente una tarea por cada miembro del equipo, de forma que todo el mundo esté concentrado en lo que hace y se minimice la dispersión del esfuerzo. Comprendo este planteamiento, pero discrepo en cuanto a su aplicación.

Para Anderson, una concurrencia superior a 2'7 tareas por persona es un indicativo de una mala gestión; para mí es posible que sea algo inevitable. Aunque lo ideal es que las tareas entren en el sistema con todos los requisitos para ejecutarlas disponibles, a menudo ocurre lo contrario y otras veces simplemente no puede ser.

Pensemos, por ejemplo, en una gestoría que debe tramitar expedientes. Yo soy uno de los empleados y cojo la siguiente carpeta del montón, identificada en el tablero con una tarjeta que lleva su número de control y la fecha en la que ha entrado. En este momento ideal tengo una concurrencia de "1".

El primer paso puede ser comprobar la documentación aportada por el cliente: DNI, instancia, fotocopia del... Vaya. Falta una fotocopia compulsada. Pues no puedo seguir adelante y tengo que pedirle al cliente que me la mande lo antes posible. ¿Qué hago? ¿Mantengo la concurrencia en uno? ¿Cojo otra tarea? Es evidente que hago lo segundo, porque el cliente puede tardar dos horas, dos días o dos semanas en mandar el documento que falta.

¿Qué probabilidad hay de que en algún punto del proceso tenga que volver a esperar una acción externa para seguir adelante? Toda. Por ejemplo, cuando presente los formularios en el organismo correspondiente es muy probable que haya que esperar días o semanas la respuesta. De nuevo ¿qué hago? ¿Cojo otra cosa o me espero? Lo primero, pero en este punto mi nivel de concurrencia es 3, lo que según Anderson indica que hay un problema organizativo.

Para valorar las propuestas de Anderson correctamente hay que recordar que las realiza en el mundo del software, donde cuando un empleado asume una tarea normalmente no necesita nada para ponerse con ella. Puede que consulte algo de documentación, que haga una pregunta informal, pero lo normal es que se ponga a diseñar o escribir código sin interferencias. En este escenario, la regla de limitar la concurrencia a uno se traduce en "no dejes eso hasta que lo termines", lo cual puede ser perfectamente válido. Si ocasionalmente hacen falta datos adicionales que nos hagan esperar, puede elevarse la concurrencia asumiendo otra tarea, pero la media se mantendrá en "1 y poco".

De nuevo, la comprensión del flujo de trabajo es la clave del éxito. Antes de fijar límites estáticos porque aparecen en un libro, es importante pactar con todos los interesados las reglas de trabajo. Incluso si hay pocas interrupciones, puede haber un choque cultural importante si el equipo está acostumbrado a cambios constantes de tarea. Por eso mi propuesta es empezar por limitar la concurrencia a 5 o 6 las tareas por persona y, a partir de los resultados, ir reduciendo la cifra.

A medida que cada uno, tú mismo incluido, empiece a ver los beneficios de centrarte en una sola cosa y desconectar todas las fuentes de distracción, cada vez te irás concentrando más y más en lo que hagas en cada momento, ganando en productividad y eficacia.

Por otro lado, hay que recordar que Kanban pertenece al conjunto de metodologías ágiles, que tienen entre sus objetivos la entrega continua, inmediata y rápida de resultados. En cualquier sistema Agile es mejor hacer ciclos de trabajo de una, dos o cuatro semanas, al final de los cuales se entregan pequeños resultados completamente terminados, que ciclos largos de varios meses en los que se entrega la totalidad del trabajo al final. La lógica detrás de esta regla es que los retrasos con objetivos pequeños serán menores que con los grandes y que el compromiso de entregar aspectos parciales en una fecha límite, pero plenamente funcionales, permite reducir y detectar las desviaciones en un proyecto en una fase temprana.

Es decir, piensa en el trabajo de escribir un libro: si te comprometemos a entregar las 300 páginas de un manual en un mes, estamos hablando de una apuesta a la totalidad: o entregas 300 páginas el día comprometido o no lo haces; las posibilidades de éxito y fracaso son del 50%. Sin embargo, si divides el libro en capítulos y haces entregas parciales todas las semanas de, por ejemplo, dos o tres capítulos completos, la posibilidad de desviarte al cabo de un mes es menor, ya que cualquier desviación se habrá detectado la primera semana y, por tanto, se habrá podido corregir mucho antes.

Pero para centrarse en esos dos o tres capítulos hay que escribir sólo esos dos o tres. No puedes lanzarte a abrir los diez o quince capítulos de un libro al mismo tiempo y estar saltando de uno a otro a lo largo del día; la concentración disminuye, la dispersión de esfuerzos aumenta y la posibilidad de acabar el trabajo comprometido en el plazo de una semana se reduce drásticamente. Por tanto, en cada momento deberías tener sólo de dos a seis tareas en la columna de trabajo en progreso.

Cuidado con las trampas. Hay gente que añade varias columnas de estados en progreso y va repartiendo las tareas por ellas, alegando que ninguna tiene más de cuatro o seis tarjetas. Esto es un intento de alterar la finalidad de Kanban. Es posible tener varias columnas en ejecución y más de seis tareas si trabajamos en equipo y cada uno de sus miembros no tiene asignadas, en cualquier momento, más de cuatro o seis tareas en ejecución al mismo tiempo. Es decir, si cada miembro viera en su tablero Kanban particular sólo las cuatro o seis tareas indicadas. Entonces sí, entonces Kanban se convierte en una poderosa herramienta de gestión de tareas, proyectos y equipos de trabajo:

* El jefe de proyecto tiene toda la distribución de tareas a la vista en un solo sitio: el tablero.

* Cada miembro sabe, en todo momento, lo que tiene que hacer.

* Cada miembro sabe, en todo momento, el estado de otras tareas que pueden ser necesarias para su trabajo.

* Todo el equipo es consciente del estado general de progreso del proyecto.

De nuevo, como te decía un poco más arriba, las opciones son innumerables y dependen más de tu creatividad e iniciativa que del propio tablero. Lo bueno es que, como también te decía en la introducción, Kanban es igual de eficaz para la organización de una sola persona que de un grupo; las reglas son las mismas.

Reglas visibles para cada proceso

La segunda regla de Kanban es que los pasos del proceso utilizado en la ejecución del trabajo deben existir, ser públicos y conocidos para todos los componentes del equipo. Esto quiere decir que el paso de una a otra columna no puede ser anárquico ni responder al criterio de cada persona particular, sino que debe ajustarse a reglas definidas previamente.

Si hablamos de un equipo de trabajo, será el Jefe de Proyecto el que haya definido esas reglas, mientras que, si se trata de una persona individual, deberá tener la disciplina de no engañarse a sí mismo y hacer un breve proceso antes de empezar a trabajar.

Un proceso es un conjunto ordenado de tareas que, ejecutadas siempre de la misma forma, dan un resultado previsible. Esta es una definición importante para todos los que tengan interés en el tema de la gestión de proyectos. Las palabras clave son:

* Ordenado; el paso de un estado a otro debe estar definido y obedecer a un criterio claro.

* Uniforme; la ejecución del proceso debe ser siempre la misma, no puede estar sujeta a cambios ni improvisaciones. Si alguien quiere hacer un cambio en el proceso, debe hacer una sugerencia al Jefe de Proyecto que aprobará o no ese cambio.

* Previsible; si las cosas se hacen de una forma similar, en el mismo orden y con los mismos criterios una y otra vez, el resultado será el mismo que se ha conseguido en ocasiones anteriores. Esta es la base del concepto de Gestión de Calidad: las cosas tienen una alta calidad si un mismo proceso produce resultados razonablemente iguales, dentro de un intervalo de tolerancia.

La mejor forma de que un proceso sea visible es que esté definido con antelación y reflejado en un documento. Me imagino que en este momento habrá muchos lectores que empezarán a llevarse las manos a la cabeza, a resoplar y a sentirse frustrados porque ha aparecido la obligación de definir procesos. Tranquilidad, por favor; dejadme un par de párrafos para explicarlo.

Las metodologías de trabajo se dividen en "ligeras" y "pesadas" en función de la cantidad de documentación que generan; así decimos que el PMBoK es un método "pesado" (heavy) porque genera muchísima documentación, mientras que Scrum es "ligero" (light) por todo lo contrario. Uno de los errores más extendidos es pensar que un método pesado es malo intrínsecamente, por la burocracia que introduce, mientras que los métodos ligeros son maravillosos porque eliminan el papel. Esta es una percepción errónea de lo que implican las metodologías Agile, que a menudo me encuentro en proyectos donde hay personas que, sencillamente, buscan cualquier excusa para no cambiar de hábitos.

El truco no es escribir mucha o poca documentación, sino escribir la documentación justa para que las cosas estén claras y el trabajo avance. Si un formulario permite comprobar los requisitos de un producto, por ejemplo, con una lista de control, asegurándonos de que no se nos escapa nada y que todo se rellena con una sola página de papel, ese documento puede ser perfectamente ágil. Claro, si para cada detalle del trabajo diario se imponen formularios absurdos, extensos y repetitivos, se dedica más tiempo a documentar que a trabajar.

Un ejemplo de diseño de procesos

Una forma de definir procesos es utilizando el lenguaje de descripción de procesos BPMN, que es el acrónimo de Business Process Modelling Notation. Los detalles de BPMN están fuera del alcance de este libro. Si te interesa, puedes encontrar un libro de introducción similar a éste que he escrito sobre cómo dar tus primeros pasos con él. Lo que aquí me importa decirte es que es un sistema de documentación extremadamente fácil de usar y leer. Por ejemplo, si quisieras definir un proceso de programación de páginas Web, podría ser algo como lo que se muestra en esta imagen.

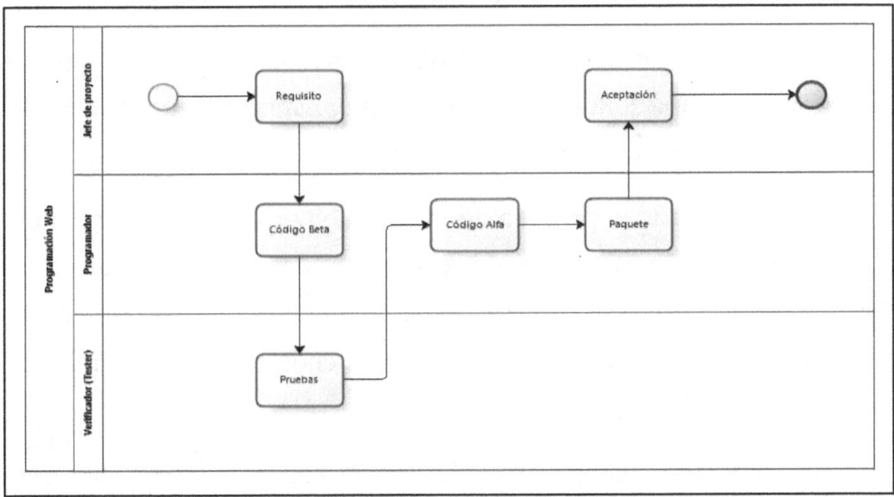

Es casi seguro que ni tú ni la mayoría de los lectores de esta guía sepan BPMN y, aun así, estoy completamente seguro que serás capaz de entender el diagrama. BPMN se hizo con la finalidad de que clientes, analistas, jefes de proyecto y técnicos pudieran compartir documentación y requisitos sin tener que entender mutuamente su jerga técnica, lo que tradicionalmente ha sido un obstáculo considerable en la comunicación entre departamentos.

A grandes rasgos, está claro que el proceso de programación afecta a tres perfiles:

* El Jefe de Proyecto, que es quien distribuye las tareas y verifica los resultados.

* El programador, que es el que escribe el código, lo documenta y publica en el sitio Web.

* El verificador, o *tester*, que es un segundo programador que repasa el código, lo optimiza, corrige errores y se asegura de que cumple las normas de estilo y documentación de la empresa.

El proceso consta de una serie de pasos fáciles de entender:

* En primer lugar, el Jefe de Proyecto lanza un requisito al equipo, que consiste en una sola petición del cliente. Estas peticiones salen del registro de trabajo (la primera columna).

* A continuación el programador hace una primera versión del código, un pequeño componente de software que hace muy pocas cosas. Recordemos que aquí se aplica la regla de reducir el trabajo en marcha mediante la división del objetivo en pequeños resultados parciales. Este código preliminar se llama Beta.

* El verificador recoge el código Beta, revisa su estilo, la documentación, le aplica pruebas de funcionamiento y corrige todo lo que considere conveniente. Esto se llama "programación por pares", que es una práctica de gran eficacia y muy común en varios ámbitos. Por ejemplo, en el mundo editorial siempre hay correctores que revisan el borrador de un artículo antes de que se mande a maquetación.

* El programador retoma el código revisado, compruebas las correcciones, mira si se puede hacer alguna mejora y lo remata, convirtiéndose en código Alfa.

* El código Alfa se empaqueta de acuerdo a unas reglas de distribución, de la misma forma que podríamos decir que unos zapatos deben presentarse en una caja de tales dimensiones o unas gafas en la funda adecuada.

* Todo el trabajo se traslada al Jefe de Proyecto que comprueba, rápidamente, que el requisito está resuelto y que el código cumple las normas internas de documentación y estilo. Si lo considera adecuado, lo aprueba y el proceso ha terminado.

¡Ya está! Si copias el texto anterior y lo pegas en un documento con el título "Proceso de Programación Web", junto al diagrama BPMN habrás definido el proceso completamente. Te ha llevado menos de 15 minutos y ahora todo el mundo sabe las reglas para que las tareas avancen por el tablero Kanban.

El siguiente y último paso es hacer un tablero Kanban que tenga las columnas correspondientes a los estados del proceso, de forma que cada tarea pueda avanzar de una forma clara, conocida por todos y definida con antelación. La documentación no es mala ni contraria a las metodologías ágiles; sólo tiene que ser breve y suficiente para conseguir su objetivo (igual que en las predictivas, por cierto).

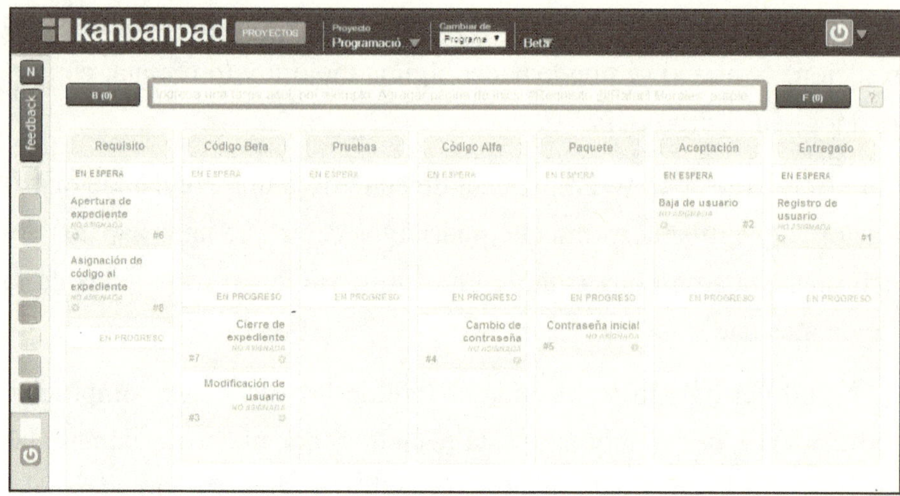

Uno de los objetivos que hay que perseguir al implantar Kanban es facilitar el cambio. Ya te he dicho que al diseñar los procesos lo mejor es tratar de respetar la forma de trabajar existente, siempre que se centre en el desarrollo del trabajo y no en los detalles de cómo hay que hacerlo.

Aprender de la experiencia

La última regla que vamos a ver es que hay que aprender de la experiencia. Al estudiar el tablero Kanban en el capítulo anterior y ver las fichas, se comentó que hay programas que permiten anotar el progreso que se va haciendo. Esto también es posible con tarjetas de papel o cartulina, ya que se puede utilizar el reverso para hacer estas notas.

El objetivo de esta práctica es doble:

* Por un lado, es conveniente que haya un registro de actividad para que cualquiera que mire la tarea, por ejemplo, porque se la pasen en el flujo de trabajo establecido, sepa lo que ha ocurrido hasta ese momento.

* Por otro lado, anotar incidencias, soluciones y trucos que se han producido en el desarrollo de la tarea.

La idea es que el grupo de trabajo, o la persona individual que aplique este método, vaya aprendiendo de sus errores y novedades, de forma que la solución que se aplique una vez quede registrada y pueda recuperarse en el futuro.

Esta práctica tiene plena utilidad si se combina con metodologías de trabajo que contemplan la mejora continua de procesos, como Scrum o Kanban. En Scrum, por ejemplo, hay una reunión al final de cada ciclo de trabajo llamada "retrospectiva", en la que los miembros del equipo se reúnen, sin la presencia del cliente, para compartir todos las anécdotas, problemas y soluciones que han aparecido a lo largo del periodo que cierran. Si se ha ido anotando la historia de cada tarea en su tarjeta correspondiente, en este momento es muy fácil recuperarla y compartirla con el resto para comentar lo ocurrido.

Lo ideal es definir métricas para valorar el grado de cumplimiento del trabajo, aunque esto es algo que cuesta introducir en la dinámica diaria. Si te preguntan por cómo se encuentra un encargo cualquiera, lo normal es responder: "bien", "avanzando", "casi terminado", "me falta poco" y expresiones similares. Lo malo es que no significan nada, ya que es imposible que dos personas se pongan de acuerdo en cuánto queda por hacer si algo está "casi terminado". La solución son las métricas. Si una estantería tiene cinco estantes, cada uno de ellos representa el 20% del trabajo a realizar; por tanto, si te faltan dos estantes, tienes pendiente de ejecutar el 40% del trabajo. Esto es así para cualquiera que participe en el encargo de montar la estantería.

Claro, estos métodos sirven en un entorno donde existe mentalidad de equipo y todo el mundo asume que la experiencia enriquece a todos sus miembros. Uno de los mayores problemas del mundo de la programación, donde se aplican mucho estás técnicas, es que se ha fortalecido a lo largo de los años la imagen de que un buen programador es una persona misteriosa, introvertida, callada y secretista cuyas habilidades están por encima del resto del grupo y cuyo código es incomprensible para los demás. Lo malo es que he conocido numerosos jefes de proyecto que defienden este perfil "porque me resuelve los problemas", sin aceptar que cuánto mayor peso se da a este tipo de trabajador, más dificultades tendrá la empresa para actualizar sus productos en el futuro, más dependencia se crea de estas "estrellas" y más difícil es la colaboración entre el equipo. Es, como dice un refrán español, "pan para hoy y hambre para mañana".

De nuevo, estos temas exceden el ámbito de esta guía, especialmente la definición de métricas. Pero creo que son conceptos fáciles de entender: la experiencia debe ser compartida, explicada en un lenguaje sencillo y valorada mediante métricas claramente definidas y conocidas para todos los miembros del equipo.

En resumen...

En este capítulo hemos terminado de juntar todas las piezas de Kanban; hemos introducido las reglas del juego y hemos empezado a ver las posibilidades y ventajas del tablero, más allá de que el uso de columnas y tarjetas resulte agradable o intuitivo. Hemos empezado a ver cómo se puede combinar Kanban con otras metodologías de trabajo y la forma en que puede aplicarse a equipos completos o personas individuales.

Algunas cosas que has aprendido:

* Es fundamental que el tablero sea visible y accesible en todo momento.

* Si se usan tableros por software, es una buena idea montar un sistema con dos monitores.

* En todo momento, ninguna persona tendrá más de 4 a 6 tareas al mismo tiempo en ejecución.

* Las reglas del proceso deben definirse de forma previa y ser conocidas para todo el mundo.

* Es muy importante anotar el progreso y las incidencias que surgen en cada tarea, para poder reaprovechar la experiencia en el futuro.

En este punto, hemos terminado de ver los fundamentos de Kanban. En el próximo y último capítulo voy a enseñarte un ejemplo práctico de cómo aplicar todo lo visto en el mundo real.

Capítulo 5

Caso práctico

En este último capítulo vamos a aplicar todo lo visto para gestionar las tareas de un proyecto. El ejemplo utilizado, la organización de una boda, carece de importancia en sí mismo, ya que no se trata aquí de discutir cómo harías las cosas en un caso real, sino de utilizar este escenario como ejemplo para aplicar las técnicas aprendidas. Centrémonos, por tanto, en aprender a usar el tablero Kanban.

Los puntos que vamos a tratar son:

* Planificación inicial del proyecto.

* Definición de las columnas del tablero.

* Utilización del registro de tareas.

* Distribución del trabajo entre varias personas.

* Progresión de las tareas.

* Finalización del proyecto.

Definición de las columnas

El objetivo de tu proyecto es organizar una boda. Eso incluye todo el trabajo necesario para que los novios e invitados disfruten de la ceremonia, civil o religiosa, del banquete y llevarse algún recuerdo.

Vamos a empezar con un tablero sencillo de tres columnas básicas: "Registro", "En ejecución", y "Terminado", que es lo que encontrarás en casi todos los programas de Kanban. Si vas a usar Trello o alguna otra aplicación distinta a la que verás en las ilustraciones, haz los ajustes necesarios para empezar con esas tres columnas.

Sobre este diseño general vamos a hacer un pequeño cambio, que consiste en añadir una cuarta columna correspondiente a "En aprobación". Ese estado corresponde a la exigente supervisión de los padres de alguno de los novios, que nunca permitirían que su hijo/hija se case en un templo de Las Vegas dedicado a la memoria de Elvis Presley (ignorantes, ¿qué puede haber mejor que casarte escuchando a El Rey?)

Cuando hagas tus primeros tableros no pienses en acciones sobre las tareas, sino en el criterio de aprobación que deben seguir para pasar de un estado a otro. Una tarea pasa de "En ejecución" a "En aprobación" cuando se ha completado físicamente; por ejemplo, cuando tienes una hoja de papel con toda la lista de invitados completa. El criterio es "que esté completa".

Por otro lado, una tarea está aprobada cuando el responsable, ya sea el jefe de proyecto, el patrocinador o los padres de nuestro ejemplo, revisan todos los requisitos y confirman que el resultado se ajusta a ellos. En este caso, el requisito podría ser "mi hija se tiene que casar en una iglesia", lo que excluye el templo dedicado a Elvis.

El resultado es un tablero vacío como el que ves en la siguiente ilustración.

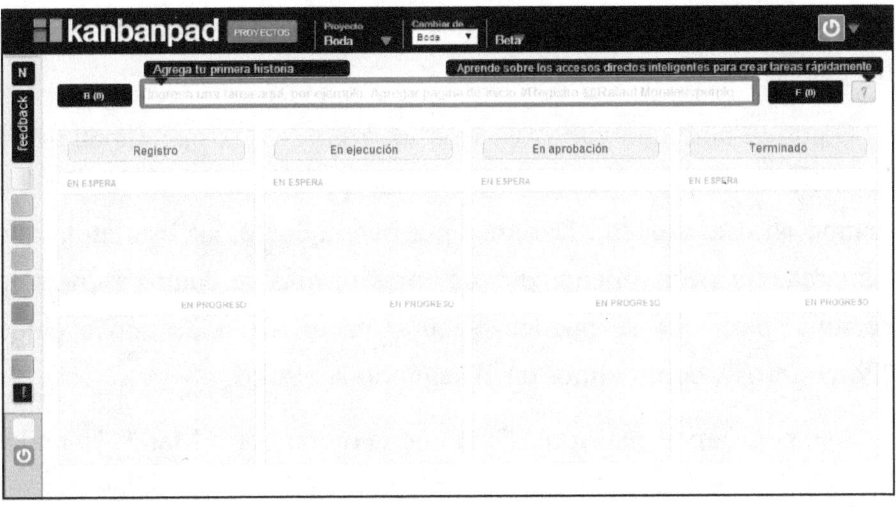

Planificación de las tareas

Una vez preparado el tablero, tienes que hacer una lista de todo el trabajo que hay que realizar. Por ejemplo, se me ocurre algo como lo que sigue:

* Hacer las invitaciones

* Mandar las invitaciones

* Contratar el restaurante

* Contratar el lugar de la ceremonia

* Comprar el traje de la novia

* Contratar al fotógrafo

* Enviar el reportaje a los invitados

* Hacer la lista de invitados

* Etc.

Si en este punto se te ocurren más ideas, haz tu propia lista y añade las que se te ocurran.

Como te he dicho varias veces a lo largo del texto, Kanban no es un método de planificación, por lo que no podemos perder mucho tiempo en este aspecto. Daremos por buena cualquier lista en la que las tareas no exijan menos de dos horas ni más de cuatro a una sola persona, para que se pueden ejecutar en el plazo de uno a cinco "Pomodoros", como vimos en el segundo capítulo.

Así, podríamos pensar que "mandar la invitación a Marc", "mandar la invitación a Jessica" y así con toda la lista de invitados, es una sucesión de tareas lógica. El problema es que cada una de esas tareas no lleva más de cinco o diez minutos, que es lo que tardamos en meter la invitación en el sobre, escribir la dirección y cerrarlo. Anotar la tarea en Kanban, moverla por el tablero y registrar el avance lleva más de esos cinco minutos, por lo que no podemos anotarlas.

La solución es hacer una sola tarea llamada "mandar invitaciones" o algo semejante, que consiste en mandar todas las invitaciones a todo el mundo. Para ello te harás una lista con los invitados e irás tachando a cada uno de ellos a medida que tengas los sobres preparados o hayas enviado el mensaje correspondiente. Kanban no es un método de gestión de proyectos. Es irrelevante cómo te organices para realizar las tareas. Lo único que importa es que en el tablero se puede ver que es un trabajo pendiente, que hay que realizar. O que es un trabajo ya finalizado, si está en la columna final.

Otro inconveniente de bajar mucho en el detalle de las tareas es que las columnas se llenarán en seguida de tarjetas, dificultando la visión de conjunto del proyecto. Un fallo de principiante es llenar la columna de registro de tareas exageradamente detallistas.

Puedes imaginarte con facilidad el problema que esto supone si coges una lista de cien invitados y pones tarjetas para todos ellos. La longitud de las columnas se vuelve inmanejable. Hay situaciones en las que esto puede ser útil, pero ninguna de ellas corresponde a una persona que está empezando a usar tableros kanban. Así que, de momento, haz tareas agrupadas que duren entre dos y cuatro horas aproximadamente.

Utilización del registro

Cuando tengas una primera versión de la lista de tareas clara, es el momento de pasarlas al tablero. Kanban, igual que todas las metodologías relacionadas con el Manifiesto Agile, pone mucho énfasis en la adaptación a los cambios. No hay que intentar de ninguna forma que la lista de tareas sea definitiva, perfecta y detallada. Es "una primera versión" con la que empezar a trabajar, mucho mejor que entrar en una "parálisis de análisis", un célebre patrón de bloqueo en la gestión de proyectos, que te haría estar una o dos semanas dando vueltas pensando si se te he olvidado algo. No pasa nada. Empieza con esa lista preliminar y si pasado mañana se te ocurre algo, lo añades al registro sin problemas. Par eso sirve, para ser una lista dinámica de tareas pendientes.

Una vez más insisto: Kanban no es un método de planificación. Pero puedes aplicar pequeños trucos para facilitarte la vida. En este caso, uno que se llama "Listas FIFO", que corresponde al acrónimo en inglés First In, First Out o "lo primero que entra es lo último en salir". Las tarjetas deberían quedar ordenadas, de arriba a abajo, en el orden en que se van a realizar. No es que sea una exigencia del tablero, pero es una buena práctica.

Piensa en cada columna del tablero como un pozo en el que sólo cabe una tarjeta de ancho. Si "dejas caer" una tarjeta al pozo, se irá al fondo. Si a continuación "dejas caer" otra tarea, quedará encima de la anterior y así sucesivamente.

Cuando llegue el momento de "sacar" una tarea del registro, lo ideal es que hubiera un tapón en el fondo del pozo que te permitiera abrirlo un poco para sacar una única tarjeta. De esa manera, mantienes un orden entre lo que entra y lo que sale.

Kanban no dice nada de esto y es posible mover las tareas de una a otra columna con entera libertad. Se trata sólo de una recomendación que te hago basada en muchos años de impartir clases y hacer consultorías: conviene que haya algo de orden en las columnas.

Otra solución es reordenar las tarjetas de vez en cuando, poniendo arriba del todo aquellas tareas que sean necesarias para hacer otras cosas o más urgentes.

Por ejemplo, para mandar las invitaciones primero hay que tener la lista de invitados, por lo que "Hacer la lista" es una tarea que irá por encima de "Mandar invitaciones". Cada vez que añadas una nueva tarea al registro, ya sea en este momento inicial o en el futuro, decide si es más o menos necesaria que la que tiene abajo. Si lo es, déjala donde está; si no lo es, bájala una posición.

Se trata de coger el hábito de que siempre que mires el tablero sepas que lo primero que hay que hacer es aquello que esté arriba del todo en la lista.

Cada programa que uses tendrá su propia forma de anotar tareas. Si usas un tablero físico con tarjetas, bastará con ir escribiendo en ellas. Sea cual sea tu caso, al colocar todas las tareas en el tablero, debería quedar algo como lo que se ve en esta ilustración.

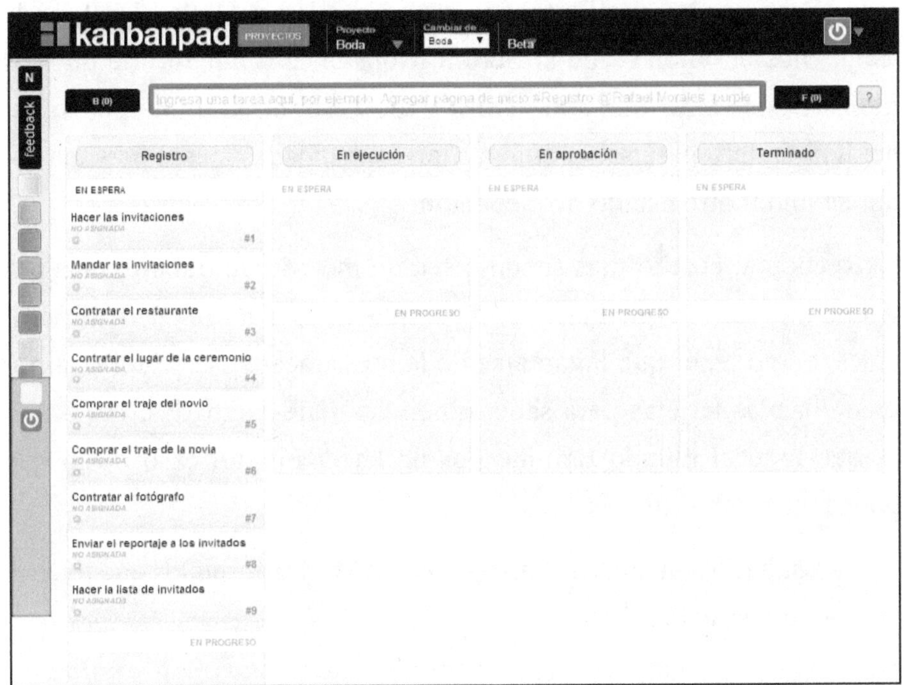

Distribución del trabajo

Kanban se puede usar tanto en proyectos individuales como en equipos. En la pantalla anterior, verás que todas las tarjetas tienen una indicación de "no asignada" bajo el título de la tarea, pero es perfectamente posible añadir el nombre de las personas que intervienen. En Kanbanpad se hace editando la tarea, como en casi todos los programas, mientras que en las tarjetas de papel basta con añadir una anotación escrita.

En el ejemplo, le hemos encargado a nuestro particular Scrum Monster, un título simpático parecido al de "Supervisor de Proyecto", algunas tareas importantes, como contratar el restaurante o el lugar de la ceremonia. También podríamos colorear las tarjetas, una técnica más eficaz por la sencilla razón de que NO HAY QUE LEER. Si le asignamos el color verde al Scrum Monster, por aquello de que los monstruos se arrastran, son verdes y todo eso, bastará un vistazo general al tablero para saber cuántas tareas asignadas a esta persona están en uno u otro estado de ejecución.

Recuerda: cuanto más sencillo sea un método de trabajo, más posibilidades hay de que la gente lo cumpla. Si el método añade dificultades, como tener que levantarse de la mesa, acercarse y leer una por una todas las tarjetas para saber quién las tiene asignadas, lo normal es que todo el mundo termine por no hacer ningún caso de lo que ponga en el tablero.

El resultado son unas hermosas tarjetas verdes como las que puedes ver en la ilustración.

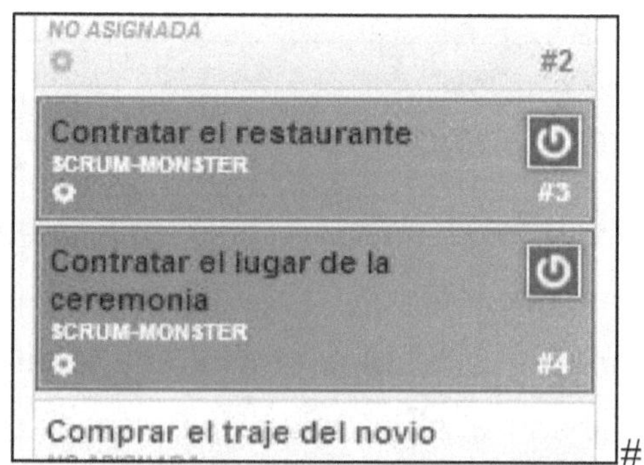

Progresión de las tareas

Ha llegado el momento de que empecemos a repartir el trabajo. La primera tarea, si has seguido el consejo de hacer colas FIFO, es "Hacer la lista de invitados". Así que llevas su tarjeta a la columna "En ejecución". Puedes sacar un máximo de cuatro tareas por cada miembro del equipo, pero para no empezar muy fuertes, sólo pondremos dos. El resultado podría ser algo como lo siguiente:

Es interesante ver que la única tarea "en espera" es hacer las invitaciones. Esto es algo que he hecho a propósito para que te ayude a reflexionar sobre un problema habitual. En el capítulo anterior vimos que las tareas en espera son aquellas que necesitan un requisito anterior para realizarse. En este caso, no podemos hacer las invitaciones sin la lista de invitados. Pero si miramos esa tarea, veremos que le queda un largo camino hasta llegar a estar "terminada". Primero debe hacerse la lista, luego la tienen que aprobar los padres, o quien sea, y sólo en ese momento dispondremos del recurso que hace falta para hacer las invitaciones.

En esta situación, ¿por qué vamos a sacar siquiera la tarea de "Hacer las invitaciones" del registro? Es cierto que se puede quedar en la zona de espera todo el tiempo que haga falta, pero también lo es que así sólo conseguimos saturar rápidamente la capacidad de la columna. Recuerda una de las reglas del tablero: cada miembro no puede tener más de 5 a 6 tareas al mismo tiempo.

Hay dos posibilidades:

1. Que la condición por la que una tarea esté "en espera" se solucione con rapidez. En ese caso, la persona que la tiene asignada tiene que estar pendiente y no podemos hacer trucos con el límite de asignación. Seis tareas son seis tareas.

2. Que la condición tarde mucho en resolverse o, como ocurre aquí, apenas se haya empezado a realizar. En este caso, ni siquiera habría que haberla sacado del registro.

Sólo se ponen en funcionamiento aquellas tareas para las que tenemos todos los requisitos necesarios a nuestra disposición.

Pongamos que se corrige este fallo, pasan un par de días y ya tienes dos o tres presupuestos para el restaurante. Hace falta que los padres aprueben uno de ellos, por lo que la tarea pasa a la columna "En aprobación", a la espera de que los padres manden una decisión por correo electrónico. Lo mismo puede haber ocurrido con la lista de invitados. El Scrum Monster se ha quedado con un hueco libre, por lo que podemos sacar del registro la siguiente tarea que tenía asignada, "Contratar al fotógrafo" y pasarla a "En ejecución".

Por su parte, la persona que tenía asignada la elección del traje de novio está esperando que le lleguen los catálogos que ha pedido, por lo que también está libre y le podemos pasar otra tarea.

Por último, en estos dos días hemos caído en la cuenta de que era importantísimo alquilar una limusina para llevar a los novios de un lado a otro, por lo que hemos añadido esta tarea al registro. Recuerda, en las metodologías Agile, es muy importante adaptarse a lo que va ocurriendo. El tablero no es un plan fijo que debe ejecutarse de acuerdo a un calendario estricto, sino una herramienta dinámica que nos permita hacer lo que hace falta, cuando hace falta, respondiendo a las necesidades que surjan.

En este momento, el tablero podría tener un aspecto como el de la ilustración.

En todo esto que te acabo de explicar hay un fallo de fondo, que sería asumir que hay un Jefe de Proyecto, o responsable de la boda, que se encarga de asignar tareas. En realidad, el método Kanban defiende una jerarquía de trabajo bastante plana, en el que son los miembros del equipo los que asumen la siguiente tarea cuando se quedan libres. Es una forma de auto-gestión que fomenta la colaboración entre los miembros del equipo.

Pero este no es un libro para implantar Kanban en empresas, una vez más, sino para que aprendas los conceptos básicos del tablero y puedas aplicarlo con cierta soltura en un par de horas. No digo que no sea importante; digo que no es el tema que estamos tratando.

Finalización del proyecto

A medida que pasan los días y vas obteniendo la confirmación de los padres para cada tarea realizada, se cumple el criterio de finalización y puedes ir pasando las tareas a la última columna. En ésta, como es lógico, no tiene sentido distinguir entre tareas "en espera" o "en progreso". Aquí las cosas están terminadas y punto. El proyecto se termina cuando todas las tareas se han llevado a la última columna, así de sencillo.

A medida que vayas teniendo todas las tareas terminadas, la columna final se irá llenando y el tablero ira tomando un aspecto como el de la ilustración.

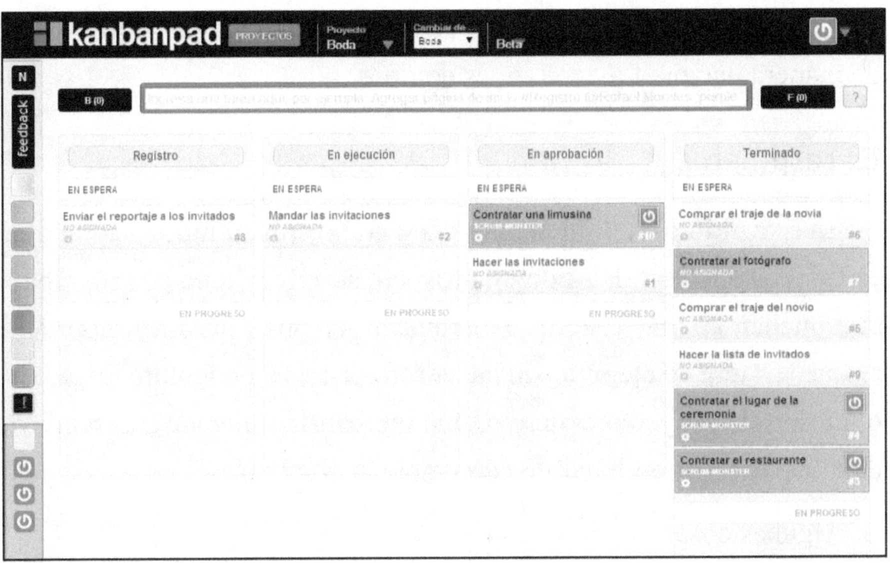

Bien, hay que hacer dos observaciones.

La primera es que todo esto es un ejemplo y me doy cuenta de que a veces se pueden crear situaciones extrañas, como que los padres tengan que aprobar la lista de invitados. Algunos pueden sentirse sorprendidos u ofendidos porque "en mi boda yo decido quién viene". Por favor, recuerda que todo esto es un ejemplo didáctico. No importa quién aprueba las cosas. Sólo he tratado de señalar que la regla para que una tarea pase de una columna a otra es que alguien, normalmente el Jefe de Proyecto o el responsable del equipo, confirme que se ha cumplido el requisito.

La segunda es que hay muchos entornos en donde las tareas no dejan de entrar nunca, una situación que se corresponde a cualquier empresa de servicios, como un restaurante, un despacho legal o una peluquería. En cualquiera de ellos va a ser una gran ayuda utilizar tableros Kanban, ya que Kanban no tiene nada que ver con "proyectos", sino con "organización de tareas", de igual forma que podemos usarlo de manera personal o en grandes equipos.

En resumen...

En éste último capítulo hemos visto cómo aplicar todo lo aprendido en un proyecto real. Ha sido un proyecto simple y lleno de asunciones que pueden apartarse de tu experiencia personal, pero lo importante es que sirviera de ejemplo sin hacer referencias a un ámbito de trabajo o un tipo de proyecto concreto, que me habría obligado a discutir de detalles técnicos en lugar de cómo aplicar Kanban.

Algunas cosas que has aprendido:

* Los estados que representan las columnas deben corresponderse a criterios de aprobación, no a acciones sucesivas.

* Es conveniente que una sola persona, como el Jefe de Proyecto, sea la responsable de decidir si una tarea cumple o no los requisitos. Cuidado que no hablo de "asignar" el trabajo, sino de verificar que cumple lo que se esperaba.

* Para facilitar la asignación del trabajo, un buen truco es usar colas FILO, en las que pensamos en las columnas como "pozos" en los que se meten y sacan tareas.

* No hay que abusar de las tareas en espera, para no saturar la asignación de trabajo a cada miembro del equipo.

* Si bien podemos usar nombres en las tarjetas, un código de colores puede ser más fácil para identificar la asignación a cada miembro del equipo.

Epílogo

Hasta aquí ha llegado esta breve introducción al uso de tableros kanban. Al empezar el texto te comenté que el objetivo de esta obra era presentar el tablero, sus componentes principales y aprender una serie de reglas que podríamos dividir en dos categorías:

* Aquellas que se pueden aplicar a cualquier sistema de gestión de tareas y que permiten prevenir errores.

* Aquellas que son propias de la metodología de Kanban y que forman parte de su éxito.

Entre las primeras hemos visto la necesidad de cribar el tipo de tareas que metemos en un sistema de gestión. La Regla de los Dos Minutos de David Allen es un hábito que conviene introducir en tu rutina diaria y que te ayudará a salir de situaciones de bloqueo.

También hemos visto que conviene centrar el esfuerzo en un número reducido de tareas, así como trabajar en ciclos de tiempo cortos, en los cuales no permitirás ninguna interrupción, como mensajes de correo electrónico, ojeadas a las actualizaciones de una red social o llamadas de teléfono. La técnica Pomodoro puede serte de gran ayuda en este sentido.

Entre las segundas, yo destacaría dos que me parecen de gran importancia.

En primer lugar, que hay que limitar el trabajo concurrente a un máximo de 5 o 6 tareas para cada miembro del equipo. Sin trampas, sin rodeos y sin sutilezas. Soy el primero en tener un gran número de inquietudes, pero también el primero en reconocer una de las razones que más me han frenado a menudo en alcanzar mis objetivos: la dispersión de esfuerzos.

Kanban es ideal, con la distribución de tarjetas en columnas y la limitación de trabajo concurrente, para ayudarte a mantener ese enfoque en un conjunto reducido de tareas y ser consciente, al mismo tiempo, de que todo lo que te interesa está en una cola de espera bien organizada.

En segundo lugar, que Kanban es una herramienta VISUAL de organizar el trabajo. El tablero debe estar a la vista y hay que usar trucos, como asignar colores en lugar de nombres en las tarjetas, para agilizar todo lo que se pueda la comprensión de toda la información que contiene el tablero.

Despedida

Espero que te haya gustado la obra. Llevo casi 20 años dando clase o ayudando a empresas en consultorías de todo tipo, relacionadas con gestión de proyectos, desarrollo de software y administración de redes y sistemas informáticos. He tratado de dirigirme a ti como a cientos de alumnos y clientes con los he trabajado a lo largo de este tiempo.

Con la confianza que da haber visto los mismos problemas varias veces y la ventaja de haberme enriquecido con las preguntas y dudas de todas esas personas. Es muy cierto que los formadores podemos aprender de los alumnos tanto como ellos de nosotros. En mi caso, ha sido como vivir 1.000 vidas condensadas en una sola, con el enorme aliciente de que un buen número de ellos han terminado siendo buenos amigos y compañeros de trabajo.

Sé que en varios puntos he evitado profundizar en técnicas, conceptos y metodologías que pueden ser muy interesantes. Las clases de servicio son un buen ejemplo, sobre el que podríamos hablar un buen rato.

Seguramente lo incluya en una edición posterior, pero en ésta sólo quería que pudieras aprender lo más rápido a utilizar Kanban. Tengo que encontrar la forma de contarte todo eso sin perder la agilidad e inmediatez que quería para este título.

Conceptos como Scrum, Agile, PMBoK, WBS o mapas mentales han bailado por el texto sin detenernos mucho en ello. Al final del libro hay un listado de las obras que se encuentran en preparación o ya publicadas. Si te ha gustado éste, es posible que encuentres otros títulos que te sean de utilidad.

Si has terminado de leer estas páginas entendiendo lo que es Kanban y para qué te puede servir, he cumplido mi objetivo. Piensa en este libro, y otros que escribo con el mismo formato, como dosis concentradas de experiencia que pueden ayudarte a dar tus primeros pasos en una herramienta o una competencia que no conoces.

De nuevo, si no encuentras lo que buscas o tienes una duda personal, no dejes de escribirme a través de las redes sociales o del formulario de contacto en mi página Web.

Muchas gracias por tu confianza y hasta la próxima, quizás desde las páginas de otro libro o saludándote personalmente en alguna de las conferencias que imparto a menudo. No dudes en acercarte y contarme tus impresiones y sugerencias sobre esta obra.

Un saludo:

Rafael Morales, Abril de 2015.

Apéndices

A. Glosario

Agile

Es un término que agrupa varias metodologías de gestión de proyectos, normalmente en el ámbito del desarrollo de software, que ponen un mayor énfasis en la colaboración y la adaptación a incidencias que en la planificación previa. El documento de referencia para comprender esta filosofía de organización es el Manifiesto Agile, publicado en 2001 por un grupo de profesionales del sector. Las metodologías ágiles tienen algunas características en común, como un menor peso de la documentación escrita o el trabajo en ciclos de producción cortos, pero no se puede decir que formen un verdadero entramado de prácticas, ya que a menudo compiten y se contradicen entre sí, con un índice de éxito bastante bajo. Xtreme Programming, que fue una de las metodologías Agile pioneras, es notable por ser uno de los mayores fracasos de gestión en ingeniería de los últimos años.

Capability Maturity Model Integration

o *"Integración del Modelo de Madurez en Competencias"*

Es un sistema de evaluación de competencias para organizaciones de trabajo. Más que un método de organización, es un listado de aquellas prácticas que deberían estar implementadas en cualquier empresa que tenga, como principal objetivo, la mejora continua de sus procesos internos. Por tanto, CMMI no dice lo que hay que hacer en cada situación, sino que indica qué cosas son las que deberían estar previstas. Por ejemplo, en el área de gestión y prevención de incidencias, CMMI dice que una buena práctica es tener los riesgos categorizados de alguna forma. No dice cómo hay que clasificar los riesgos, ya que esto es algo que cada empresa debe hacer de acuerdo a sus circunstancias, personal, sector, etc. Sólo dice que HAY que tener una clasificación de riesgos, la que sea.

Más información en cmmiinstitute.com.

Nota: Desde la publicación de la segunda edición de este libro, CMMI ha pasado a manos de una empresa privada, ISACA, que está mercantilizando por completo este sistema. Como una de las consecuencias más inmediatas, el manual ya no está disponible de forma pública "oficialmente".

No obstante, si haces una búsqueda por Internet con los términos "cmmi 1.3 pdf" y el idoma que prefieras, seguro que te aparecen enlaces al propio sitio web de CMMI Institute en donde puedes descargar el manual completo.

Kanban

Un sistema de organización de la producción, desarrollado por Toyota en los años 50 del S.XX, con la finalidad de mejorar la disponibilidad de componentes en las cadenas de montaje y optimizar los costes de producción.

El sistema se basa en el uso de tarjetas asociadas a los componentes que viajan por la cadena de montaje y suministros, así como en la aplicación de una serie de reglas estrictas. Por ejemplo, Kanban no permite que un producto con defectos pueda avanzar en la línea de producción, o que pueda haber componentes que no lleven una tarjeta de seguimiento.

Más información en kanban.university.

Manifiesto Agile

El Manifiesto Agile, o Manifiesto por el Desarrollo Ágil de Software, es una declaración de intenciones formal, redactada en 2001 por un grupo de profesionales del desarrollo de software, convocados de manera casi informal por Kent Beck, inventor de la metodología Extreme Programming.

El manifiesto es una especie de guía de trabajo, muy acorde a la tradición académica que hay en Estados Unidos, con el siguiente contenido:

"Estamos descubriendo formas mejores de desarrollar software tanto por nuestra propia experiencia como ayudando a terceros. A través de este trabajo hemos aprendido a valorar:

* Individuos e interacciones sobre procesos y herramientas.

* Software funcionando sobre documentación extensiva.

* Colaboración con el cliente sobre negociación contractual.

* Respuesta ante el cambio sobre seguir un plan.

Esto es, aunque valoramos los elementos de la derecha, valoramos más los de la izquierda."

Más información en agilemanifesto.org.

Project Management Body of Knowledge

o *Cuerpo de Conocimiento de la Gestión de Proyectos*

Es una guía publicada por el Project Management Institute que recoge las mejores prácticas para la gestión de proyectos, a partir de la experiencia compartida por sus miembros. El PMBoK afirma que las buenas prácticas para la gestión de proyectos son independientes del área de negocio o sector industrial en el que se desarrolla. Así, cualquier proyecto tiene mejores posibilidades de terminar con éxito si al principio se hace un listado de las personas que intervienen, con todos sus datos de contacto y responsabilidades, lo que se denomina Lista de interesados.

Los proyectos se organizan en cinco grupos de procesos: inicialización, planificación, ejecución, monitorización y entrega, haciendo mucho énfasis en la segunda fase, pero muy poco en la tercera. Sobre este contenido, se han creado varios procesos de certificación de competencia profesional, que dan la posibilidad de acreditarse tras superar unos exámenes de conocimiento. La última edición es la sexta, publicada en 2017, incluida en la bibliografía.

Más información en

pmi.org/pmbok-guide-standards/foundational/pmbok.

Scrum

Una metodología de gestión de proyectos perteneciente a la familia de métodos Agile. Desarrollada a mediados de los 80, es una de las iniciativas con más éxito e implantación. Se basa en la organización del proyecto en ciclos de trabajo de duración fija, o Sprints, así como equipos de trabajo de composición estable, que entregan resultados completamente terminados al final de cada ciclo. El núcleo de la metodología es fragmentar los proyectos en mini-proyectos de corta duración, durante los cuales no se admiten cambios de requisitos.

Otras curiosidades de esta metodología son que los equipos no tienen un jefe propiamente dicho, que se favorece el intercambio de información y el trabajo por parejas, de forma que el equipo, a medida que trabaja más tiempo junto, se vuelve más competente. Scrum tiene roles para los que no hay equivalencia en otras metodologías, entre los cuales destaca el Scrum Master, que viene a ser un guía o facilitador de trabajo.

Más información en scrumalliance.org y scrum.org.

Scrum Master

En la metodología Scrum, el Scrum Master es un rol a medio camino entre un Consultor Experto y un Director de Calidad. Por un lado, proporciona ayuda al equipo de trabajo sirviendo a veces de enlace entre éste y otras estructuras funcionales de la empresa, intermediando para obtener los recursos que necesita o para protegerle de las injerencias externas. Por otro, debe ser un experto en la organización del trabajo y la aplicación de los métodos y técnicas de producción. Todo este conocimiento, sin embargo, no se aplica de una forma intervencionista, sino que el Scrum Master es una especie de "ángel" que observa, aconseja y previene desviaciones en la aplicación del método de trabajo.

B. Bibliografía adicional

Getting Things Done, de David Allen.

Publicado por primera vez hace poco más de una década, en poco tiempo se ha convertido en uno de los libros clásicos de productividad y gestión de tareas. El libro recoge una serie de buenas prácticas, sin mucha relación entre ellas, aunque todas de gran utilidad, que ayudan a mejorar el rendimiento personal.

* En castellano, ISBN: 978-8492414550.

* En inglés, ISBN: 978-0142000281.

Getting Started with Kanban

Un pequeño manual editado directamente para Kindle, en el que se pueden adquirir algunas ideas fundamentales sobre tableros Kanban a un precio muy asequible. Puede ser una buena lectura para complementar la de esta misma obra, con un punto de vista diferente.

* En inglés, con ISBN: 978-1495311970

Kanban: Successful Evolutionary Change for Your Technology Business

Dado que Kanban es una metodología que ha llegado a nuestros días tras múltiples adaptaciones, es difícil encontrar fuentes autorizadas en las que consultar los fundamentos, más allá del uso de tableros. David Anderson ha sido uno de los profesionales más significativos en el movimiento Agile y se le reconoce haber sido el primero en adaptar Kanban al desarrollo de software. Por estas razones, su libro es uno de los mejores para estudiar la metodología de trabajo e integrarla en proyectos modernos. Hay un consenso generalizado en que la traducción al castellano deja bastante que desear por lo que, a menos que tenga serios problemas con el inglés, es preferible comprar la edición original.

* En castellano, ISBN: 978-0984521432.

* En inglés, ISBN: 978-0984521401.

Practice Standard for Work Breakdown Structures, 2nd Edition

Segunda edición del método de descomposición de tareas definido por el PMI. No llega a ser un libro didáctico; para eso hay mejores obras, como el título que nosotros mismos hemos sacado sobre este tema, pero definitivamente es un texto de consulta imprescindible para comprender los principios de esta técnica de gestión de proyectos y tareas. Puede que no esté escrita de forma amena y llena de dibujos, pero todo lo que dice es correcto e importante.

En inglés, ISBN: 978-1933890135.

Project Management Book of Knowledge

Una de las guías de referencia de mayor prestigio y más ampliamente aceptadas en el mundo, recoge el consenso de la comunidad de profesionales de la gestión de proyectos afiliada al Project Management Institute. No todas las obras están traducidas al castellano y suelen llegar con algún retraso al mercado hispanohablante, por lo que es recomendable usar la edición en inglés.

* En castellano, 6a edición, ISBN: 978-1628251944.

* En inglés, 6a edición, ISBN: 978-1628251845.

The Pomodoro Technique, 3rd Edition

La Técnica Pomodoro, que hemos comentado brevemente en el capítulo tres, es una de las propuestas más recientes y sencillas para aumentar la productividad. En este breve manual, escrito por el creador de la misma, se pueden aprender todos los aspectos de su uso y aplicación cotidiana.

* En inglés, ISBN: 978-3981567908.

C. Aplicaciones recomendadas

Jira Agile

Jira es un producto de Atlassian con bastante presencia en el mundo del desarrollo de software. El módulo principal, Jira, es sólo un gestor de tareas por listas tradicional. Tiene al mismo tiempo cosas buenas y malas. Por un lado, es bastante flexible y puede coordinar proyectos de gran envergadura en los que intervengan decenas de personas sin problemas. Por otro lado, la estabilidad del software es cuestionable y las operaciones de mantenimiento son tan conflictivas que la compañía prefiere comercializarlo como un producto "en la nube" para evitar problemas con los usuarios.

Hace 3 o 4 años se introdujo una extensión para presentar las tareas en tableros Kanban, llamada Greenhopper, que con el tiempo se ha renombrado como "Jira Agile". Se puede probar gratuitamente, así que, si tienes una empresa de más de 5 a 10 programadores, puede ser interesante echarle un vistazo. Pero ni se le ocurra comprar la licencia para instalarla localmente (lo sé por propia experiencia, he sido administrador de Atlassian en algunos proyectos).

Disponible en atlassian.com/es/software/jira.

Kanban Tool

Kanban Tool es un producto en nube orientado a grupos de trabajo y flujos de trabajo complejos. Carece del encanto visual de otras aplicaciones y a menudo se tiene la sensación de que no se ha mantenido muy al día en tecnología, pero lo que hace lo hace bien. Para un solo usuario es demasiado complicado de utilizar, pero para un equipo numeroso, que trabaje sobre plantillas, puede ser bastante útil. Se puede probar gratuitamente con limitación de tableros y tareas concurrentes.

Disponible en kanbantool.com.

KanbanPad

KanbanPad está dirigido a ese grupo difuso entre el autónomo, el pequeño empresario y el equipo de trabajo de 3 a 10 personas. No es una herramienta de grandes posibilidades, pero es muy fácil de aprender y se puede trabajar con ella de forma inmediata. Desde mi punto de vista lo mejor es la facilidad de iniciar tableros y configurar los estados que cada uno necesite. Lo peor es la configuración de notificaciones, que si no se eliminan todas (y digo TODAS), te llena el buzón de correo de basura cada vez que se hace el más mínimo cambio a cualquier tarea. Es gratuito, por lo que puede ser una opción excelente para empezar.

Nota: KanbanPad cerró un año después de publicar el libro. En la revisión que estoy haciendo de forma previa a la próxima edición, he querido dejar una advertencia para que no te molestes en buscar. Era una buena aplicación para uso personal, pero no encontró la forma de ser rentable. Como curiosidad, puedes ver el blog que aún está en Tumblr:

** kanbanpad.tumblr.com*

Como alternativa, te sugiero usar Trello.

LeanKit

LeanKit es una de las aplicaciones más prometedoras de todas las analizadas. Se acerca a las posibilidades de trabajo en grupo de Kanban Tool, pero tiene una estética mucho más agradecida y algunas funciones que agilizan el trabajo diario, como los iconos de acción directa sobre las tarjetas de tarea.

Disponible en

planview.com/products-solutions/products/leankit.

Trello

Trello puede ser la solución para aquellos que les gusta probar personalmente lo que luego van a aplicar en su empresa. Como gestor personal, es gratuito y tiene las funciones básicas para trabajar con tableros de pocas tareas, sin que haga falta dedicar horas y horas a configurar permisos o el flujo de trabajo. Si nos convence, la versión corporativa incluye funciones muy interesantes, como la integración con Google Aps o la existencia de un rol "observador", que se corresponde perfectamente con el papel de Scrum Master, para aquellos que empleen esta metodología u otras similares.

Disponible en trello.com.

Agradecimientos

Si la primera edición de este libro se debió a la curiosidad de una amiga muy querida, esta segunda se debe a la buena voluntad de muchos lectores que se han puesto en contacto conmigo a lo largo de estos 14 meses para comentarme erratas, pequeños errores y sugerencias para mejorar el texto inicial. A todos, muchas gracias y espero seguir contando con vuestras sugerencias y críticas para ésta y otras obras que seguiré publicando.

124

Sobre el autor

Rafael Morales es formador y escritor, especializado en las áreas de tecnología, empresa y derecho, temas sobre los que ha publicado numerosos trabajos desde 1995, siendo autor *best-seller* en Estados Unidos en dirección de proyectos.

Es especialista en gestión por procesos, implantación de la Oficina de Gestión de Proyectos (PMO) y Gobierno de IT; está certificado en administración de sistemas, gestión y auditoria y es miembro del PMI y la AEC, entre otras asociaciones profesionales.

Si quieres ponerte en contacto con él, puedes hacerlo a través del formulario de contacto en su sitio Web en la siguiente dirección: http://www.rafael-morales.com/contacto/

También a través de su perfil en LinkedIn o Goodreads:

https://www.linkedin.com/in/rafamordor/

https://www.goodreads.com/rafaelmorales

Otras obras del autor

Si te ha gustado este libro, puede que te interese alguna de las otras obras publicadas por el autor.

Fuera de colección:

* Gestión de tareas con Kanban. Una introducción a la gestión visual del trabajo.

* Fundamentos de BPMN. Una guía básica para el diseño de procesos.

* Organización de cursos profesionales. Siete claves para organizar acciones de formación más eficaces.

Títulos de próximo lanzamiento:

* Disrupción. Cómo encontrar, mantener y mejorar tu empleo en el mercado de trabajo digital.

* Sprint Zero. Cómo inicializar proyectos ágiles con Scrum.

* Diseño de software con UML. Aprende a reflejar tus ideas con diagramas fáciles de compartir y actualizar.

* El panorama de Big Data. Actualidad, mitos y realidades del análisis de macrodatos.

En la colección Cuadernos de Consumo

* La reclamación por retraso en la devolución del dinero.

* La reclamación por molestias en espectáculos públicos.

* La reclamación por publicidad engañosa.

* Guía práctica del DNI electrónico.

Ficha bibliográfica

Morales, Rafael

Gestión de tareas con Kanban, 2ª Edición. Una introducción a la gestión visual del trabajo.

2ª Edición - Abril de 2015

ISBN: 978-84-942498-4-6 (Kindle)

ISBN: 978-84-942498-5-3 (ePub)

ISBN: 978-84-942498-6-0 (Papel)